ブラック大学　早稲田＊目次

第3章 反撃開始 73

第4章　偽装請負　115

第5章　黒い巨塔　大阪大学　139

第6章　ブラック国家化する日本　163

まえがき

《我々は家畜ではなく奴隷でもない。それどころか、非常勤講師のほぼ全員が大学院卒以上の高学歴者であり、理論や議論、誠意に対して理性的に応じる知性も教養もあると、大学自らが認定したはずである……》

２０１３年６月21日、早稲田大学で働く15人の非常勤講師が、鎌田薫総長ら大学理事18名を労働基準法違反で刑事告訴した。冒頭の一文は、告訴状の一部であり、非常勤講師たちの人権宣言でもある。これまで筆者は、解雇、パワハラ、労災、など雇用・労働問題を数多く取材してきたが、「我々は家畜ではなく奴隷でもない」と自ら奴隷解放宣言・人権宣言をして闘う人々に接したのは初めてだ。この宣言を見て、何が何でも書籍化し、社会に大学内身分差別の実態を伝えたいと強く思ったのである。

13年4月1日に改正労働契約法が施行され、期間を定めて契約する労働者の契約期間が通算5年になると、期間の定めのない無期契約に転換できる権利を労働者は得た。給料その他の条件はそれまでと同じであっても、5年経てば無期契約労働者、つまり限りなく正社員に近い状態になることが可能であり、雇用の安定に貢献する法改正のはずであった。

これまで早稲田大学には非常勤講師の就業規程がなかったが、法改正を機に非常勤講師の契約を通算で最長5年とする就業規程を決め、ただちに施行した。改正労働契約法施行と同日の4月1日のことだった。就業規程を変更したり制定するには、労働者の意見を聞かなくてはならない。労働者の過半数を占める組合がない場合には、過半数代表者選出選挙を実施し、選ばれた代表が意見書などのかたちで意思表示することが、労働基準法第90条に定められている。

早稲田大学は、過半数代表選挙実施の通知を2月14日に非常勤講師らが使用するメールボックスに公示書や投票用紙を投函したと説明する。だが、大学の非常勤講師は、在学生の試験が終われば大学に来ないし、その時期は入学試験中であり、大学はロックアウト(閉室)されて構内への立ち入りは厳しく管理されていたから、投函直後に見た非常勤講師はいない。

要は、当事者である非常勤講師が選挙の存在すら知らないまま、過半数代表選で7名の代表者（全員が専任教員）が選ばれ、5年で雇い止めの就業規程が強行されてしまったのである。5年後に非常勤講師が無期契約に転換するのを阻止するための偽装選挙ではないか、と15人の非常勤講師が刑事告訴したのだった。この問題は一大学のものではなく、大学全体や一般企業にも大きな影響を与える。なぜなら、大学内には労働法をはじめ多くの専門家がおり、大学で5年雇止めの就業規程が認められてしまえば、この手法にお墨付きを与えることになり、一般企業にも波及し、ひいては全国1200万人の有期雇用労働者にも影響を与えるからである。

早稲田大学に限らず、大学はアパルトヘイト状態になっている。アパルトヘイトとは、かつて南アフリカ共和国でとられていた人種隔離政策のことだが、少数派の白人が多数派の有色人種を支配する体制だ。同じように少数派の専任教員が多数派の非常勤講師を支配しているのが大学の現状なのである。

2012年末の早稲田大学の教員数は、専任教員1848名に対し非常勤教員は4261名で、そのうち非常勤講師は3762名で学内最大の勢力だ。2005年から翌年にかけて首都圏大学非常勤講師組合などがアンケート調査を実施し、非常勤講師の実像が浮かび上がった。それによれば、平均年齢45・3歳、平均年収306万円で年収250万円未満44%、平均勤務校3・1校、平均担当コマ数9・21。多くの非常勤講師が博士であるにもかかわらず、ワーキングプアーにされているのが実態だ。

一方、専任教員は年収1000万円クラスが普通であり、団体交渉における早稲田大学の説明では、同大の専任教員平均年収は1500万円くらいだという。責任を持って授業を行い、学生の成績評価、試験作成、採点など、授業に関しては専任も非常勤講師もかわりない。授業に出席する学生から見れば、先生にかわりないのだ。にもかかわらず、報酬面で大きな格差があるし、研究費も非常勤は極端に少なくゼロの場合もある。さらに、社会保険料も大学側が負担しないので重くのしかかる。「人件費」で見れば、非常勤講師は専任教員の10分の1にすぎない。

専任になれるか否かの分かれ道は「コネ」があるかないか。業績・経験・人格などによって待遇による格差ではないことが重大であろう。能力による区別ではなく、身分制に近い。ただでさえ、低報酬にあえぐ非常勤講師の職さえも奪おうというのが、今回の契約年数最長5年の就業規程だ。しかも、授業担当コマ数を減らすことも就業規程に盛り込まれている。なぜ早稲田大学は非常勤講師の契約を最長5年で打ち切りにこだわるのか。無期契約に転換した場合、非常勤と専任の身分が近づくことになり、合理的に説明できない大きな格差が世間に知れ渡ってしまうからだろう。

従業員を低賃金などの悪条件で働かせ、長時間過密労働を強いた挙句、部品のように切り捨てる企業をブラック企業という。それになぞらえれば、理不尽な差別を設け、悪条件を押し付ける大学をブラック大学と言っていいのではないか。学問研究・教育内容ではなく、雇用問題に関して大学のブラック性の実態を世の中に伝えるのが本書の目的である。

革命前のフランスでは、第一身分の聖職者、第二身分の貴族、第三身分の平民（農民と市民）、と身分制が敷かれていた。非常勤講師は第三身分に当たるだろう。あるいは日本の歴史に当てはめると、上級武士が専任教員で下級武士が非常勤講師と言えるかもしれない。

虐げられたものは必ず立ち上がる。早稲田大学の場合は、契約期限を最長5年にする就業規程の強行、しかも規程を制定するための過半数代表選に疑惑があることが発覚したのをきっかけに火が付いた。その時点で非常勤講師たちがつくる早稲田ユニオン（首都圏大学非常勤講師組合分会）は、首都圏組合とともに数万枚のビラを撒き、雇い止めやコマ減（授業数減＝減俸）の危機にさらされる一人ひとりの非常勤講師を支援し、交渉を求めた。

5年上限以外にも、授業時間制限による収入低下するのを防ぐため、緊迫した団交で週4コマから6コマへ、そしてついには8コマまで譲歩させることに成功。途中、英語授業の外部委託で偽装請負の疑いも浮上したために、東京労働局長あてに調査および是正勧告の中立て……と目まぐるしい攻防が続けられている。刑事告訴もその一環だ。過半数代表選挙の疑惑が表面化した3月から年末にかけ、早稲田ユニオンの組合員は10人から120人にまで激増した。

労使問題では、組合側が不利な立場におかれるのが普通だが、早稲田ユニオンの場合は、つぎつぎに成果を上げ始めている。わずかな期間に見せた彼らの活動には、差別待遇を受ける全国の非正規労働者に、多くのヒントと希望を与えるのではないだろうか。

それでは、疾風のごとく駆け抜けた非常勤講師たちの２０１３年のドキュメントをお届けする。

第1章　偽装選挙

◇配達された不幸の手紙

それは、寝耳に水だった。

２０１３年3月末、早稲田大学文学部の語学講師・長谷川博一（仮名）氏の自宅に、Ａ4判14ページからなる文書が届いた。

「非常勤講師および客員教員の雇用に関する変更について」（3月25日付け）と書かれたその文書をめくっていくと、２ページ目に「雇用契約期間の上限を通算5年とする」という文言が視界に飛び込んできた。ひらたく言えば最高5年でクビという宣告である。３７６2人の非常勤講師全員に、この〝クビ宣言文〟が配布されたという。なお、後で複数の非常勤講師に聞いたところ、通知文書は、郵送以外に一部の人にはメールの添付文書として送信されている。

長谷川氏は、ここ何日も大学には行っていない。専任教員の教授のように研究室もないし、ましてや学年末の試験採点が終われば間もなく入学試験が始まり、関係者以外は構内立ち入りが原則禁止となる。つまり、大学の非常勤講師は2月、3月には大学に行かず、4月からの授業の組み立てや準備に取り掛かる時期だ。

たとえばここ何年も、非常勤講師の契約をめぐって労使で議論があったなどの事実があればそれなりに合点がいくが、そんな兆候はなく、ほとんどの非常勤講師は、ただ唖然としたことだろう。長谷川氏が振り返って言う。

「突然のことで、驚きました。そこには（2ページ目）、『雇用契約期間の上限を通算5年とする』と書かれていたのです。いままで非常勤講師は1年更新を繰り返していたのですが、担当する科目や授業がなくならない限り、事実上の自動更新みたいなもので、10年も20年も教えている人が多いんです。

契約は形式だけで、実質的には期間の定めのない契約と同じです。ほとんどの大学はそうだと思います」

彼が言うように、形式的には1年ごとに契約更新はしても、無期契約に近いのが日本の大学非常勤講師の実態である。そして今回、早稲田大学では、これまでなかった就業規則

・科目登録の結果、受講生がいない等の理由により当該科目が不開講となる場合につきましては、不開講が決定された時点で当該ご担当科目についての嘱任（雇用契約）を終了させていただきます。

・Waseda-net ID は、従来と同じように雇用期間終了後も一定期間はご利用可能です。また、Waseda-net ID の利用停止の前には、個別にご連絡いたします。

・本学図書館につきましては、できるかぎりこれまで同様にご利用いただけるよう配慮いたします。詳細は図書館ホームページの NEWS をご覧ください。

【日本語】http://www.wul.waseda.ac.jp/index-j.html

【英語】http://www.wul.waseda.ac.jp/

(3) 雇用契約年限の設定

2013 年 4 月 1 日以降に本学と締結する非常勤講師および客員教員の雇用契約については、雇用契約期間の上限を通算 5 年とすることといたします。ただし、雇用契約の契約期間が満了した日とその次の雇用契約の初日との間に、本学との間で所定の雇用契約を締結していない期間（空白期間）があるときは、当該空白期間前に満了した雇用契約の契約期間は法令の定めに従い通算契約期間に算定しない場合があります。（「早稲田大学における有期雇用者の契約年限に関する規程」第 3 条参照）。

また、本学の他資格の有期労働契約が継続する場合も通算 5 年までとなります（例：非常勤講師を退職後に継続して助教として採用される場合等）。

(4) 非常勤講師の授業担当時間の上限設定

非常勤講師就業規程の制定にあたり、非常勤講師の授業担当時間を原則として 1 週あたり 4 時限を上限とすることといたします。ただし、この措置は 2014 年度より施行することとしています。

3．同封物

・非常勤講師就業規程
・早稲田大学における有期雇用者の契約年限に関する規程
・早稲田大学教員任免規則
・早稲田大学芸術学校規則（抜粋）
・早稲田大学川口芸術学校規則（抜粋）
・客員教員の受入に関する規則
・教員の服務に関する規程
・教員の表彰および懲戒に関する規程
・講師給規程
・任期の定めのある教員、客員教員および客員教諭の給与に関する規程

なお、本文書は2013年3月1日現在ご在職および2013年度新規嘱任予定の非常勤講師・客員教員の先生方にお送りしております。2012年度末でご退職となる先生方にもお送りしておりますが、本文書をもって2013年度以降の雇用契約をお約束するものではございません。

以　上

お問い合わせ先：人事部人事課　03-3203-6501

“不幸の手紙”
2ページ目に契約年数最長５年、授業時間週４コマと記載されている。

が初めて定められた。

大学の非常勤講師に関しては、就業規則がないことも珍しくない。つまり、低報酬・過重労働がうやむやで続けられてきたわけだが、一方で、低報酬とはいえ長年にわたり授業を継続してこられた側面もある。ところが規則制定により、5年で雇い止め（契約不更新）になり、そうでなくとも仕事内容の割に収入が低く、高学歴ワーキングプアーとも呼ばれる非常勤講師がさらに窮地に追い込まれ、生活や人生設計が大きく変わらざるをえない。しかも、早稲田大学の場合は授業の半分近くが非常勤講師によるものだから、このような事態が続くと大学全体の質の低下につながりかねない。

それほど重大な決定が、前触れもなく届けられたわけだから、受け取った人にしてみれば、〝不幸の手紙〟が配達されたような気さえしただろう。

この文書では契約期間が通算5年を経過した場合は契約更新しないと書いてあるほかに、26条から成る就業規則が示されている。なお、早稲田大学の場合は就業「規程」という用語を使っている。ここには非常勤講師らにとって不利益な材料がいくつもあるのだが、緊急の課題は「5年でクビ」にしようという規程である。

この文書を長谷川氏が受け取ったのは3月25日。そして5年雇い止めを含む就業規則の施行は6日後の4月1日からである。予告もなく最後通牒を突きつけられたようなもので、一方的な不利益変更と言わなければならない。

◇有期契約労働者1200万人の運命

今回の決定の背景には、2012年8月に公布され13年4月1日に施行された改正労働契約法がある。雇用の安定を図る目的で、期間の定めのある契約を結ぶ労働者の契約が5年を超えた段階で、希望があれば期間の定めのない契約に転換できるようになった。早稲田大学の決定は、法の趣旨を曲解している。まずは、非常勤講師たちから早稲田大学がブラック大学と呼ばれる遠因にもなった法改正が、働く人に何をもたらすのかを、厚生労働省が示した解説書からひもといてみよう。

有期労働契約とは、パートや派遣など正社員以外の人が結ぶ労働契約で、読んで字のごとく、半年契約、1年契約、3年契約、5年契約というように契約期間が定められており、期間終了のときは契約を更新するかそのまま辞める。労働者が更新を望んでも会社（使用者側）が更新しない場合は雇い止めになる。

それに対して無期契約は、特別な事情がないかぎり、一度契約すれば正社員のように定年まで働ける契約形態である。

この先も働き続けられるかわからない不安定な有期契約労働者は、２０１２年の段階で推定１２００万人もいるのだ。こうした労働者の不安を解消することなどを目的に労働契約法を改正したわけである。そのポイントは３点。

①第18条　無期転換

有期労働契約が反復更新されて通算5年を超えたときは、労働者の申込みにより、期間の定めのない労働契約（無期労働契約）に転換できる。平成25（２０１３）年4月1日以降に開始する有期労働契約が対象。無期転換を申し込まないことを契約更新の条件とするなど、労働者に無期転換申込み権を放棄させることはできない。

同時に、無期契約に転換した場合でも、特別の定めがない限り、職務・勤務地・賃金・労働時間など労働条件は、それまでと同一になる。

②第19条「雇い止め法理」の法定化

有期労働契約は、使用者が更新を拒否したときは、契約期間が満了し雇用が終了する。これを「雇い止め」という。労働者保護の観点から、一定の場合に「雇い止め」は無効とする判例上のルールが確立しており、このルールのことを「雇い止め法理」という。今回の労働契約法改正は、雇い止め法理の内容を条文化した。契約期間が満了したからといって、使用者が勝手にいつでも雇用を終了させることができないのである。

そのひとつが、「期待権」だ。毎年1回契約を結ぶ形式はとるものの、1枚の紙にハンコを押す事実上の自動更新で、働く側とすればこのままずっと職場で働けるという実態があり、次の更新もできるだろうと「期待」できる。そういう場合には雇い止めしてはならないのだ。本書のテーマである大学非常勤講師の契約もこれに類するだろう。

③第20条　不合理な労働条件の禁止

同一の使用者と労働契約を締結している有期契約労働者と無期契約労働者との間で、期間の定めがあることにより不合理に労働条件を相違させることを禁止する。

以上のような趣旨で法改正が行われたのだから、一見すると労働者にとって有利な法律であり、多くの不安定雇用の人びとが救われるのではないかと思われるが、現実はそうはいかない。むしろ、この法改正を機に、逆に雇用が不安定になってしまった人びとも多いのだ。早稲田大学も同じである。

先の3月25日付け〝不幸の手紙〟から遡ることおよそ3カ月半前の2012年12月、早稲田大学内で何かが企てられていることを、ごく一部の非常勤講師だけが察知したのである。

◇教授会の不穏な動きを察知

2012年12月、不穏な動きを察知したのは、首都圏大学非常勤講師組合（松村比奈子委員長、組合員430人・2013年12月現在）だった。

同組合は、1996年に結成され、およそ100大学との団体交渉に取り組んでさまざまな成果を上げている。実は結成当初、非常勤講師は労働者ではなく〝一人親方〟すなわち個人事業主であるから団体交渉には応じられないという態度を多くの大学当局はとっていた。しかし、国会答弁や労働委員会において、非常勤講師はパート労働者であると認めさせたことにより、いまでは交渉自体を拒否する大学はなくなっている。

さらに2004年度の予算において、私立大学助成金の中の非常勤講師補助単価（標準給与費）が22年ぶりに50％アップしたときに文部科学省に働きかけ、大学専任教員と非常勤講師の均衡処遇の必要性を認めさせ、非常勤講師給与費への補助金が13億7100万円増額されたのである。

同じ年の国立大学の法人化にともない、非常勤講師の賃金を20〜30％減額しようと計画が進んでいたものを撤回させることにも成功している。このときに大幅賃下げが実行されていれば、今頃は大量のホームレス博士があふれていたかもしれないのだ。

そのほか、さまざまな問題を抱えていたＬＥＣ東京リーガルマインド大学の募集停止のために活動した。

このように、いくつもの成果を収めてきた首都圏大学非常勤講師組合だが、その組合員である非常勤講師から、雇い止めについて早稲田大学の教授会で話し合われているようだ、という情報が入ってきたのである。

その情報をもとに、松村比奈子委員長が専任教員から事情を聞いたところ、非常勤講師の契約期限を通算で上限5年とすることが内部で話されていることがわかった。

しかし、これは妙な話である。同組合の志田昇書記長が言う。

「最初これを聞いたときは驚きました。改正労働契約法で5年を過ぎたら期限のない契約になるということですが、この改正は非常勤講師には関係のない話だと思っていました。なぜなら、無期契約に変わっても給与などの条件は変わりませんし、今まで1年毎の更新とはいっても実際は10年、20年と更新して働いてきたわけです。契約が無期に変わっても、実質的に変わらないと」

先に示した厚生労働省による「改正労働契約法のポイント」でも次のように明快に示してある。

《無期労働契約の労働条件（職務・勤務地・賃金・労働時間など）は、別段の定めがない限り、直前の有期労働契約と同一となる》

「その後、組合として首都圏の大学とこの問題で交渉すると、たしかに大学側が法改正で労働条件が変わり不利になると勘違いしているケースは多くありました。しかし、法改正のポイントを説明すると、納得し非常勤講師の契約期間の上限を5年とする提案は多くの大学が取り下げています。

こうした中で、5年雇い止めを強行する早稲田大学と大阪大学の動きは突出しているといえるでしょう」（志田書記長）

年が明けて事態は急を告げた。大学側が、非常勤講師が圧倒的に不利になることを進めようとしていることが明らかになったのである。

「突出している」早稲田大学の見解を示す文書を入手した。２０１３年1月11日付けの学術院長会で配布されたものである。学術院長会とは学部長会のことで、文書の表題は「有期労働契約者の雇用管理および関連する新規規程制定の件」。

これによると２０１２年3月現在、早稲田大学の有期雇用労働者は５４３０名で、教員・研究員・職員という職種や、常勤・非常勤など、雇用形態は多様である。そして２０１１年12月に公表した Waseda Vision １５０に掲げた《本学の教育研究の質の飛躍的な向上のためには、彼らの労働力に頼らずして実現することは不可能であろう》と非常勤講師を始めとする有期雇用労働者を表面上は高く評価している。というより、教員だけにかぎっても６４１２人中59％にあたる３７６２人が非常勤講師であるから、彼らなくしては授業が成り立たない。

さらに同文書では、「有期労働契約者の雇用管理および関連する新規規程制定の件」に関して《本学の財政事情においても、無期雇用転換を受け入れるだけの余裕がないことは言うまでもない》と、改正労働契約法をそのまま実施したら財政が危ない、と危機感を募らせている。しかし、先の厚生労働省の指針にあるように、無期雇用に転換しても労働条件は現在と換える必要はない。それなのに、《同一資格または異資格をまたいで通算5年を超える契約は行わない》とされ、しかも《有期雇用の全教職員を対象とする》という。

◇まるで対華21カ条要求

雇用の安定という法の趣旨を曲解して不安定雇用を強化することが明らかになったため、首都圏大学非常勤講師組合は3月14日付けのファクスで緊急団体交渉申込みを送付した。その結果3月19日に行われた2時間58分間の団体交渉で驚くべき事実が明らかになったのである。それを語る前に、早稲田大学がなにを求めているのかを、団体交渉の冒頭で述べた副総長の清水敏教授（労働法・法人統括・人事担当）の発言を整理してみたい。

＊今まで存在しなかった就業規程（早稲田大学では「規則」ではなく「規程」という用語を使っている）を作成し２０１３年４月１日から実施する。

＊それまでの学年単位だった契約期間を、２０１３年度からは学期を契約期間とする。つまり前期・後期毎の契約期間にするということである。

＊受講生が皆無の場合、不開講が決定された時点で該当科目の嘱任、契約を終了する。つまり、有期雇用教員が、早稲田大学での授業のために他の仕事を調整して予定を1年間空けた後に契約終了（クビ）になるおそれがある。

＊非常勤講師、客員教員の雇用契約期間の上限を通算5年とする。大学と契約を締結していない空白期間（クーリング期間）が生じた場合、通算契約期間に算定しない場合がある（後述）。

＊２０１４年度より、非常勤講師が担当する授業の上限を1週間で4コマとする。早稲田大学の場合は1コマ約月3万円の報酬なので、これによると月12万円、単純計算で年収は１４４万円となる（後に当面の上限は6コマに、さらに8コマに変更・後述）。

右に上げた項目だけでも、私は「対華21カ条要求」や「対日21カ条要求＝ＴＰＰ（環太平洋戦略的経済連携協定）」を頭に浮かべた。対華21カ条要求とは、早稲田大学の創設者（初代総長）である大隈重信が二度目の総理在任中の１９１５年、中国政府に要求した内政干渉を含む要求で、反日・反帝国主義運動が中国内で吹き荒れることになった。

一方、対日21カ条要求とは、２０１３年に日本が交渉に参加したＴＰＰであり、対象となる交渉は21分野にわたり、いっそうの市場開放を進めようとするアメリカによる対日21カ条要求ともいえる。奇しくも同じ数字なのである。

圧倒的な力を持つ側が相対的に弱い勢力に対して一方的な要求を突きつけるという意味

で、「21カ条要求」を思い出したのである。
では、重大事実が発覚した3月19日の団体交渉の問題場面を再現してみよう。

◇非常勤講師の不在時に騙し討ち

団交の最大の焦点は、11日後の4月1日に施行する就業規則（早稲田大学では「規程」）である。ここで確認すると、新たに就業規則を定めたり改定する場合、労働者の過半数を代表する組合がない場合には、過半数代表者を選び、選ばれた人から労働者の声を聴取しなければならない（労働基準法第90条第1項）。違反すれば30万円以下の罰金である。

▽志田昇書記長（組合）　なぜ、4月1日から（新たな就業規程の導入を）やろうとなされているのですか。たとえば、非常勤講師などは全く意見を聞かれていませんが。
▼清水敏常任理事（大学）　我々としては、前からやりたかったことですが、各学部の同意がこのほど得られました。実施できる条件が整ったので、踏み切ろうということです。
▽志田（組合）　非常勤講師の同意というのは……非常勤講師がどう考えているかって

ことは、実施の条件にまったく入っていないんですか。
▼清水（大学）　就業規程の作成については、今後、正規職員、正規教員の両方の組合で団体交渉の申入れがあると思います。それによって、何らかの合意点に達すれば労働協約の締結もありえるだろうというふうには思っております。一応、我々としては就業規程の改定を実施するにあたって、法的な手続きで過半数代表者の選任をしていただいて、そして過半数代表者のご意見を賜ったということで、手続き的には問題ないんじゃないかと思って……。（傍点は著者、以下同様）

事務職の正規組合、教授や専任講師からなる正規教員組合の「両方の組合」を想定しており、今回の就業規則制定で5年雇い止め対象となる非常勤講師は最初から除外されているのが、この清水敏教授（労働法）の発言からもはっきりしている。さらに、現場でのやり取りを振り返ってみる。

▽武藤健一副委員長（組合）「賜わった」と過去形でおっしゃったんですが、それでよろしいですか。
▼清水敏常任理事（大学）　伺っています。もう意見書を提出していただいています。

▽志田昇書記長（組合）　その過半数代表者に、非常勤講師の投票権はあるんですか。

▼清水（大学）　非常勤の方々にも、過半数代表者（選挙）のお願いしたいと思っていますので、これについて異議があるかどうか、すべて個々人に書類を発送してご意見を賜わりました。

▽武藤（組合）　その具体的なやり方をもう一回聞かせてください。ご意見を伺ったという具体的なやり方、手続き、具体的な中身について。

▼清水（大学）　就業規程を今度新たに制定することになったので過半数代表者を選任したい、と。過半数代表者としてはこういう方をお願いしたいと考えるけれども、この方について何か異議のある方がいらっしゃれば、異議を文書で提出していただきたい、という通知をいたしました。

▽武藤（組合）　内容は、先ほどからおっしゃっているので多少わかりましたが、具体的な手続きです。どういった日にち・日時で、どういった期間を設けているか、そういうことを聞いているんです。お願いします。

▼事務方（大学）　はい。2月14日に各非常勤講師の方々に、教員ボックスというポストみたいなものが各先生方にありますけれども、そこに（配布した）。

▽武藤（組合）　メーリングボックスと呼んでいるところがありますが、そこですね。

▼事務方（大学） はい、そこに文書を配布しました。同時に waseda-net ポータルというウェブ上のポータルがありますけれども、そこに同じものを掲示しております。それで、2月28日までに過半数代表の信任について反対がある場合はご連絡をくださいとお願いをしております。

▽渡邊隆司副委員長（組合） ちょっといいですか。私はある学部で仕事をさせていただいています。2月14日に個人ボックスに配布したということですが、学部の控室という理解でよろしいですか。その控室の閉室の日にちとズレはないですか。閉室した後に入れているということはないですか。

▼事務方（大学） そういうこともありえますが、早稲田ネット・ポータルでも掲示をしているので。

▽渡邊（組合） ポータルは、だって個別に見るか見ないかなんて……。みなさんが全員必ず閲覧していると？

▽武藤（組合） 必要性というか、義務化されているんですか。必ず参照してください、とか。

▼事務方（大学） していないです。

▽渡邊（組合） していないですね。わかりました。ということは、一般的には2月上

旬で（非常勤講師の）みなさんは（在籍する学生の）試験が終わっています。しかも控室が閉鎖されていると、入れないんですよね。見ることができないですよね。14日というと多分。それを確認してほしいですが。大学の方の周知の説明はあったとおっしゃいますが、実効性はまったくないんじゃないですか。

▼清水・事務方（大学）……。

この時点ですでに問題点が浮き彫りになっている。2月14日といえば、入学試験期にさしかかり、構内への立ち入りは厳重に管理されており、しかも非常勤講師は学年末の在学生試験が終われば大学へは来ない。つまり、当事者がいないのを承知で過半数代表者選任選挙の通知をメールボックスに投函しているのだ。

団体交渉に出席した事務方の説明通り、「そういうこと（講師控室が閉室したあとに通知を投函）もありえる」と大学側も認識しており、さらに教職員がパスワードを入れて閲覧するポータルサイトにも言及している。そこでお知らせをしたというのだが、ポータルサイト閲覧は義務づけられてはいない。それどころか、通常は見ない、とある非常勤講師は言う。

「何日も連続して見ていたのですが、そういうお知らせがあった記憶はありません。あるいは数時間とか短時間だけお知らせを載せたことも考えられますね。でも、新しく情報がアップされると、当該情報がどんどん下に送り込まれてしまい、閲覧は不可能だと思います」

また、文学部の語学講師も「そのポータルサイトは、シラバス（講義・授業の計画と連絡）を見るか成績評価に絡んで必要なとき以外は見ません」と明言する。

過半数代表者選任の選挙は、騙し討ちと言わざるをえない。とにかく、非常勤講師の就業規則、それも5年で雇い止めになるという重要な内容の選挙について、誰も知らなかったのである。

大学側が公示文書を配ったという2月14日をとうに過ぎ、新学期が始まった4月に公示文書を見つけた非常勤講師が数名、組合に連絡してきたという。そのひとり、B氏が「これ、いつ配られたんですか」と事務員に聞くと、間髪をいれず「2月14日です」という答えが返ってきたという。1カ月半前の特定文書の投函日を即答するとは、ずいぶんと記憶力のいい人だ。

もう一人は、文学部の非常勤講師C氏である。図書館に立ち寄るために行ったら構内に入ることができ、それらしき文書を「見たような気がする」と組合関係者に話したという。

その後、この問題を機に首都圏大学非常勤講師組合の分会となる早稲田ユニオンが旗揚げするのだが、２０１３年10月23日時点で組合員１１７名は、誰一人も知らない。少なくとも大学が通知をメールボックスに投函した2月14日直後は、誰も見ていないのだ。教員用のポータルサイトでも告知したというが、それも見た人がいないのである。

◇「手続き通りにできない」と不正を認める

非常勤講師がメールボックスを開けた可能性が限りなくゼロに近い２０１３年2月14日に投函された紙はどのようなものだったのか。再び3月19日の団交場面に戻る。

▽志田書記長（組合）　誰も見ていないんです、実は。
▽渡邊副委員長（組合）　見ていないと思います。
▽志田（組合）　あの～、見せていただくというのは変なんですが、周知したって言ってるんだから。だけど、本当にあるんだったら見せてください。

大学側は数枚の紙を呈示した（36ページ掲載）。2月14日付け「非常勤講師就業規則制定にあたっての過半数代表者の信任手続きについて」。その裏面には過半数代表者の7名の立候補者名が記載されている。

さらにもう一枚は、公示書である。立候補者7名（全員が専任教員）の氏名と所属部署が記載。信任手続きは、不信任の場合のみ、事業場（キャンパス）名、所属箇所、氏名を書き、捺印し専任組合の事務局に2月28日までに提出する、という手続きが示されている。

非常勤講師らの就業規則を制定する目的にもかかわらず、過半数代表の候補者は全員が専任教員であり、なおかつ不信任の場合のみ記名式の投票だから秘密は守られない。非常勤講師の採用の可否は、専任教員が決めるのだから、自分を採用してくれる人が立候補していて、それに対して不信任は出せないだろう。しかも氏名・連絡先・所属を明らかにしたうえで、というのだ。たとえるなら、企業に就職するときに面接官に対し、「ノー＝不信任」を住所氏名所属を書いて郵送するということである。

おまけに記名式不信任の提出先は、専任組合事務局であり、候補者全員が専任組合所属なので、候補者＝選挙管理委員会となる。その事務局に対して不信任者が自分の氏名と所属を書いて文書を提出するわけだから、不穏分子あぶり出し作戦ともいえるわけだ。

それでは、この過半数代表者選任選挙を正しく実施していないことを示す決定的な場面を再現してみる。引き続き、3月19日の団体交渉記録である。

２０１３年２月４日

早稲田大学
　総長　鎌　田　　薫　殿

立候補者代表
国際学術院

非常勤講師就業規則制定に関する過半数代表者について（立候補）

非常勤講師の就業規則が制定されるにあたり、以下のとおり労働基準法第 90 条に規定される各事業場ごとの過半数代表者となり、過半数代表者団を結成して大学に意見を述べることに立候補いたします。つきましては、信任投票の手続きについてご配慮お願いいたします。

＜事業場（キャンパス）＞　　＜立候補者＞
(1) 早稲田キャンパス　（国際学術院）※立候補者代表
（ファイナンス研究科・研究センター（日本橋）を含む）
(2) 戸山キャンパス　（文学学術院）
(3) 西早稲田キャンパス　（理工学術院）
（川口芸術学校（川口）を含む）
(4) 所沢キャンパス　（人間科学学術院）
(5) 本庄キャンパス　（本庄高等学院）
(6) 北九州キャンパス　（理工学術院）
(7) 高等学院（石神井）　（高等学院）

以　上

過半数代表選挙の立候補者として７名の専任教員の名が示されている。

２０１３年２月１４日

各　位

人事担当常任理事

清　水　　敏

非常勤講師就業規則制定にあたっての過半数代表者の信任手続について

本学では、非常勤講師就業規則を制定することになりました。

就業規則を制定するにあたって、労働基準法第 90 条により、事業主（大学）には事業場ごとに過半数を代表する者の意見を聴く責務があります。この度、裏面のとおり過半数代表への立候補があり、立候補代表者から信任手続に関する協力要請がありました。

つきましては、別紙にて信任手続書類を送付しますので、立候補者を過半数代表者とすることに同意できない場合は、所定の投票をお願いいたします。（文書による不信任の意思表示がない場合には信任されたものとみなしますので、信任の場合は特に手続き等は不要です。）

なお、今回の手続によって過半数代表者が選出されましたら、大学は、2013 年 4 月 1 日施行を目途として、当該過半数代表者に非常勤講師就業規則制定に関する意見聴取をいたします。

以　上

過半数代表選挙の手続きに関する文書。

2013年2月14日

各　位

非常勤講師就業規則制定に関する過半数代表者の選出について（公示）

非常勤講師の就業規則が制定されるにあたり、労働基準法第90条に規定される各事業場ごとの過半数代表者の信任手続を以下のとおり実施いたします。

1．立候補者

＜事業場（キャンパス）＞	＜立候補者＞
(1) 早稲田キャンパス（ファイナンス研究科・研究センター（日本橋）を含む）	（国際学術院）※立候補者代表
(2) 戸山キャンパス	（文学学術院）
(3) 西早稲田キャンパス（川口芸術学校（川口）を含む）	（理工学術院）
(4) 所沢キャンパス	（人間科学学術院）
(5) 本庄キャンパス	（本庄高等学院）
(6) 北九州キャンパス	（理工学術院）
(7) 高等学院（石神井）	（高等学院）

2．信任手続

不信任の場合：文末の用紙を第4項の宛先にご郵送お願いいたします。
信任の場合　：手続不要（不信任の意思表示がない場合、信任されたものとみなします）

3．郵送期日

2013年2月28日（木）必着

4．不信任投票の郵送先

〒169-8050 東京都新宿区西早稲田1-6-1 早稲田大学早稲田キャンパス29号館3階（教員組合内）
非常勤講師就業規則制定過半数代表者選出事務局係

5．本件に関する連絡先（事務局）

Tel：03-3203-4475（内線71-5632）　Fax：03-3203-4630（内線71-4192）

以　上

======================= 切り取り =======================

非常勤講師就業規則制定にあたり、以下の過半数代表者の選出には同意しません。

事業場（キャンパス）名：
信任しない立候補者氏名：

所属箇所：
氏　名　：　　　　　　（印）

過半数代表選挙の投票用紙。不信任の場合のみ郵送する仕組み。

▽武藤副委員長（組合）　早稲田大学の考える過半数代表における選挙ってどういうものなのですか。当然、選挙のあり方、過半数代表を選ぶものについては、それなりの通説というのかありますが、どういうものでしょう。つまり、今おっしゃったような、こちらから言わせていただければ、かなりいいかげんな、杜撰な形でおやりになり、それでOKだとお考えなのか。それとも一般的に言われている、これは釈迦に説法ですから言いませんが……。

▼清水常務理事（大学）　みなさん、お分かりいただけると思いますが、非常勤講師の就業規程を手続き通りにやろうとしたときに、これは、できません。

▽武藤（組合）　できない？　できないんですね、いいんですね、それで。分かりました。

なんと、手続き通りにやらなかった（できない）ことを清水敏常任理事は、あっさりと認めているではないか。

▼清水（大学）　従いまして、就業規程を制定しようとする場合に、何らかの形で、組

合代表の意見等を反映させるという措置が最低限必要だろうと。

▽武藤副委員長（組合） その、おっしゃる組合はどういう組合ですか。

▼清水（大学） うちの教員組合です。

▽武藤副委員長（組合） 我々の組合はなぜ入らないのかを、おっしゃっていただけますか。

▼清水（大学） 過半数代表者じゃないです。

非常勤の就業規則制定なのになぜ過半数代表者が全員専任で非常勤がゼロなのか。数の上からいっても疑問がある。２０１２年4月1日現在で、早稲田大学の教員は全部で６４１２人、そのうち専任教員が１８４８人、任期付きおよび専任扱いが３０３人、非常勤が４２６１人（そのうち非常勤講師は３７６２人）である。したがって、専任の教員組合は、学内で働く教員の過半数ではない。

◇**鎌田薫総長ら理事18人を刑事告発**

▽志田（組合） 過半数代表の選挙というものは立命館などでは非正規も含めて投票し

ていますし、河合塾でもやっています。その結果も必ず公表しています。今回の過半数代表……選挙とは言えないと思うのですけれど、2月にやった信任投票ですね、結果は何票投票されていて、何票信任になったのか、それを当然公表されると思うのですが、どうなのですか。

▼清水（大学） それは、異議のある方について（のみ）、異議を出していただきたいという問いかけをしています。

▽武藤副委員長（組合） もうひとつ、選管、選挙管理委員会みたいなものはお作りですか。公正性が担保できるような組織であるとか……。ないのですね。はい、わかりました（苦笑）。

この調子で団交は進んでいくのだが、組合側補佐人として出席していた佐藤昭夫名誉教授（労働法）は重要な指摘をしている。

▽佐藤昭夫名誉教授（組合側補佐人） 先ほど、清水さんは実際問題として（正規の手続きは）できないとおっしゃったけれども、実際問題としてできなかったのかどうか。そこら辺の問題ですね。たとえば、4月までに強行するというようなことなら、これ

ができないとなるのでしょうけども、時間をかけてやれば、不可能じゃなかったのではないですか。その点をお答えいただきたい。

▼清水（大学） その点については、後でまた文書でお答えしたいと思います。

佐藤名誉教授の問いかけは、大学側に対する警告であると同時に〝助け船〟ともいえる提案なのだ。もしここで、5年上限の就業規則制定を強行しないで、時間をかけて話し合いに就いていれば、その後の東京地検への告発などもなかったかもしれない。しかし、清水常任理事は、もう少し時間をかけてもう一度きちんとした手続きをとったらどうかとの提案を受け入れなかった。

交渉が行われた2013年3月19日は、早稲田大学にとって歴史的記念日となってしまった。学術研究機関であり教育機関でもある大学を舞台に、労働法のプロが高度な知識を持つプロ（非常勤講師ら）に対して行った前代未聞の出来事が発覚した日だからである。

偽装選挙まで実施し、契約期間最長5年の就業規則を強行した中心人物は、もちろん学識のあるプロフェッショナルで、ここで簡潔に紹介する。

まず、鎌田薫総長は民法が専門で、大学外でも官庁関係の委員など歴任。

1978年10月　経済産業省 産業構造審議会 臨時委員

２００３年７月　厚生労働省 医道審議会 臨時委員
２００４年４月　森・濱田松本法律事務所 客員弁護士（東京弁護士会所属）
２００５年４月　国土交通省 土地鑑定委員会 委員長
２００９年11月　法務省 法制審議会民法（債権関係）部会部会長
２０１１年２月　文部科学省 科学技術・学術審議会委員
２０１３年１月　教育再生実行会議 委員（座長）

続いて、理事には、労働法専門の島田陽一教授がいる。日本労働法学会代表理事、中央労働委員会公益委員、平成24年司法試験考査委員（労働法）を歴任した専門家だ。『労働法』『ケースブック労働法』『条文から学ぶ労働法』（以上３冊ともに有斐閣）『労働市場制度改革』（日本評論社）など専門書を何冊も出している。島田教授は、法律雑誌『ジュリスト』２０１２年12月号の鼎談《ていだん》で次のように発言している。

《４月１日の施行の時に、いきなり無期転換ルールを適用するのではなく、そこからスタートして５年後に適用されるということは、それまでにある程度企業側に対して、雇用管理の制度整備を含めた猶予を与えたものでしょうが、本条の施行時期に有期労働契約の終期を定めることができないと、この猶予期間の意義が失われるのではないでしょうか》

つまり、契約年数の上限をつけるには、4月1日までに就業規則を変えなければならないことになる。
清水敏教授は、法人統括、人事などを担当する常任理事で副総長。社会科学総合学術院教授。1991年社会科学部助教授、93年教授。社会科学総合学術院長、社会科学部長、社会科学研究科長など歴任。2006年から常任理事。専門は労働法で、「公務員の給与と勤務時間」（日本労働法学会編『講座21世紀の労働法』賃金と労働時間／有斐閣）、『ホームヘルパー働き方のルール』（深谷信夫氏との共著／旬報社）
3人とも名実ともに華麗なる経歴を持つ人物であり、労働関連法に熟知しているはずだ。

歴史的な3月19日の団交後、首都圏大学非常勤講師組合の人びとは大変な騒ぎになった。時間がない。わずか10日あまり後の4月1日から5年でクビという就業規則を導入すると大学当局がいっているのだから、死活問題である。

3月28日には、参議院会館会議室で緊急集会を開き、国会議員や各大学の代表があつまり、5年上限ルールを中心に緊迫した報告と討議がなされた。

そして4月8日、佐藤昭夫・早稲田大学名誉教授（労働法）と首都圏大学非常勤講師組合の松村比奈子委員長（憲法）は、それぞれ東京地方検察庁に対し、鎌田薫総長以下18人の理事を労働基準法第90条違反容疑で刑事告発した。刑事告発という前代未聞の出来事は、大学界に衝撃を与えた。

あと数歩後ずさりすれば断崖絶壁から転落するところまで追い込まれた非常勤講師たちによる、歴史的反撃の一歩が始まったのだ。

第2章　貧困化する非常勤講師と学生

◇年収250万円未満が44％の高学歴ワーキングプアー

偽装選挙に訴えてまで5年で雇い止めの就業規則を強行した早稲田大学の目的は何か。刑事告発され、学内に火種を抱えてまでなぜ実行しなければならなかったのかは、後ほど指摘するが、まず、就業規則制定の影響を直接受ける大学非常勤講師とは、どういう人で、どのような働き方をし、生活状況はどうなっているのか見てみよう。

3月19日の団体交渉で初めて2012年時点の契約形態別の人数がわかった。それが49ページの表だが、本来なら、これをピラミッド型の図形を描いてデータを組み入れたほうが、実態をよく表し皮膚感覚でもわかりやすい。どの大学もそうだが、ピラミッドの身分制が敷かれている。フランス革命までの旧体制（アンシャン・レジーム）の身分制である第一身分＝聖職者、第二身分＝貴族、第三身分＝平民（市民と農民）、になぞらえて大学内の階層を振り分けてみた。

＊第一身分・専任（教授、特任教授、準教授、助教、専任講師、教諭）１８４８人

＊第二身分・任期付きおよび専任扱い（教授、準教授、講師、上級研究員、主任研究員、次席研究員、研究助手、専任扱い客員教授など）３０３人

＊第三身分・非常勤客員教授、客員準教授、客員講師、客員上級研究員、非常勤講師など、４２６１人

もっとも、第三身分に振り分けた中で、「客員」と肩書きがつく人は、場合によれば第一身分や第二身分の人もいるかもしれない。数の上で最大なのは、３７６２人の非常勤講師であり、教員全体の約59％にあたり、大学の大黒柱ともいえるだろう。

今回の騒動は、第三身分の中核を占める非常勤講師の生殺与奪の決定を、第一身分である専任教員だけが決定し、当事者の第三身分の人びとは知らされていなかったということである。

完全に蚊帳の外におかれていた非常勤講師たちの仕事や生活を知るために有効な資料

300　教職員

301　資格別　教員数〔2011・2012年度〕

各年度共4月1日現在

	年度	2011		2012		対前年度増減	
専任	教授	1,064	(104)	1,069	(107)	5	(3)
専任	特任教授	24	(1)	25	(1)	1	(0)
専任	准教授	163	(31)	164	(36)	1	(5)
専任	専任講師	22	(5)	18	(4)	-4	(-1)
専任	助教	149	(37)	156	(40)	7	(3)
専任	教諭	125	(12)	127	(13)	2	(1)
専任	小計	1,547	(190)	1,559	(201)	12	(11)
専任	助手	294	(75)	289	(75)	-5	(0)
専任	計	1,841	(265)	1,848	(276)	7	(11)
任期付および専任扱い	教授(任期付)	56	(4)	55	(2)	-1	(-2)
任期付および専任扱い	准教授(任期付)	45	(12)	41	(13)	-4	(1)
任期付および専任扱い	講師(任期付)	23	(6)	27	(6)	4	(0)
任期付および専任扱い	インストラクター(任期付)	9	(8)	8	(5)	-1	(-3)
任期付および専任扱い	上級研究員	8	(1)	8	(1)	0	(0)
任期付および専任扱い	主任研究員	16	(4)	26	(6)	10	(2)
任期付および専任扱い	次席研究員	67	(6)	67	(4)	0	(-2)
任期付および専任扱い	研究助手	83	(23)	56	(16)	-27	(-7)
任期付および専任扱い	客員教授(専任扱い)	9	(0)	6	(0)	-3	
任期付および専任扱い	客員准教授(専任扱い)	6	(1)	1	(0)	-5	(-1)
任期付および専任扱い	客員講師(専任扱い)	15	(4)	6	(1)	-9	(-3)
任期付および専任扱い	客員講師(インストラクター)	4	(1)	2	(0)	-2	(-1)
任期付および専任扱い	小計	341	(70)	303	(54)	-38	(-16)
非常勤	客員教授	144	(10)	135	(10)	-9	(0)
非常勤	客員准教授	28	(7)	29	(7)	1	(0)
非常勤	客員講師	3	(0)	2	(0)	-1	
非常勤	インストラクター(非常勤)	92	(78)	109	(92)	17	(14)
非常勤	客員上級研究員	50	(0)	69	(4)	19	(4)
非常勤	客員主任研究員	20	(5)	25	(3)	5	(-2)
非常勤	客員次席研究員	19	(6)	26	(4)	7	(-2)
非常勤	客員教授(非常勤扱い)	95	(6)	75	(3)	-20	(-3)
非常勤	客員准教授(非常勤扱い)	28	(5)	21	(4)	-7	(-1)
非常勤	客員講師(非常勤扱い)	17	(2)	8	(1)	-9	(-1)
非常勤	非常勤講師	3,847	(865)	3,762	(865)	-85	(0)
非常勤	小計	4,343	(984)	4,261	(993)	-82	(9)
合計		6,525	(1319)	6,412	(1323)	-113	(4)

（人事）

(注)

1. (　)は女性で内数。
2. 2009年4月1日より資格名称変更
   客員教授(専任扱い)→教授(任期付) 又は 上級研究員
   客員准教授(専任扱い)→准教授(任期付) 又は 主任研究員
   客員講師(専任扱い)→講師(任期付) 又は 次席研究員
   客員教授(非常勤扱い)→客員教授 又は 客員上級研究員
   客員准教授(非常勤扱い)→客員准教授 又は 客員主任研究員
   客員講師(非常勤扱い)→客員講師 又は 客員次席研究員

教員構成。数の上で、非常勤講師が最大勢力であることがわかる。

は、「大学非常勤講師の実態と声２００７」だ。ここには05年から06年にかけての非常勤講師らの生活実態が、かなり詳しく載せられている。アンケートを実施したのは、首都圏大学非常勤講師組合、関西圏大学非常勤講師組合、University Teachers Union、全国一般労働組合東京南部組合、ゼネラルユニオン、福岡ゼネラルユニオンの６団体で、回答者は１０１１名にのぼる。文部科学省の「学校教員統計調査報告書」（平成22年、２０１０年度）では、大学の本務校を持たない講師（専業非常勤講師）は８万２８４４人、短大９８１１人、高等専門学校１３６６人、合計で９万４０２１人の専業非常勤講師がいる。

アンケートの結果から、非常勤講師の生活の実像を簡素化するとこうなる。

・平均年齢45・３歳

・平均年収は３０４万円

・44％の人が年収２５０万円未満。

・平均３・１校に勤務。

・１週９・２コマ（９・２時限）を受け待つ。

かつて大学で教える教員は、常勤（教授・助教授・講師・助手）と、半年もしくは1年契約で授業のときだけ大学に来る非常勤講師の2種類だった。しかし最近は、さまざまな雇用形態があるので、このアンケート調査では次の５つに分類している。

1、専業非常勤　主に大学非常勤を職業としている人
2、非常勤兼職　主に他の非常勤職を職業としている人
3、本務校あり　他大学の常勤の教員
4、常勤兼職　大学教員以外の常勤職に就いている人
5、年金あり　年金収入のある人

この中で今回の早稲田大学のような就業規則の影響を強くうけるのは、主に専業非常勤と非常勤兼職だ。比較的安定している「本務校あり」（他大学の専任教員）の82％は男性であり、女性は不安定な契約形態にされている例が多いことがわかる。

アンケートでは世帯についても質問している。一人世帯は23％、配偶者と二人暮らし28％、配偶者と子ども暮らしが30％、などとなっている。

生活に直結する収入面ではなどうだろうか。先述の全体平均では、45・3歳で年収３０４万円（２５０万円未満が44％）であるが、さらに細かく把握しておきたい。非常勤講師全体では、年収１２５万円未満11％、１２５万円～２５０万円未満23％。

主に大学非常勤講師を職としている「専業非常勤」に限ってみるとより問題点を把握できる。その平均年収は３０６万円で、そのうち91％が講師料である。その講師料の年額は、２００万円未満36％、３００万円未満60％、４００万円未満85％。とても家族持ちで

生活できる金額ではないのは一目瞭然だろう。

専業非常勤講師の96％が社会保険に未加入で、国民健康保険料は年平均26万4000円、国民年金保険料16万6320円と合わせると43万320円。年収304万円から差し引いて260万9680円となり、さらに税金が引かれる。もちろん、授業や研究に要する出費も年平均27万円（一部の大学では部分的に公費が出ているが、少額であり、ゼロの場合もある）。45歳でこの状態では、子育てや家庭生活は非常に苦しいだろう。

しかも、これはあくまでも平均であり、44％にのぼる年収250万円未満の講師たちは、さらに生活が厳しいはずだ。加えて50％の専業非常勤講師が雇い止めを経験している。これらのデータは2005年から06年にかけての実態だが、その後も高学歴ワーキングプアーとしての実態は変わらない。

◇配送センター時給850円でバイトする非常勤講師

第三身分に置かれ、不安定な状況を強いられている早稲田大学非常勤講師5人に集まってもらい、彼らの働き方と収入はどのようなものか生の声を聴いてみた。全員が早稲田大学の大学院を出ている。

文学部非常勤講師のA氏は言う。

「専任教員は週に5コマで（平均）年収1500万円です。一方、我々は10コマくらいで300万円。コマ（1授業）あたりでみると私たちの収入は、専任の10分の1ということになります」

A氏の言う早稲田大学の専任教員が週5コマというのは、標準的な担当コマ数のことで、最低責任コマ数は4コマである。早稲田大学では、今後6コマを上限にしようとしている。

また、責任担当コマ数を超えて学内外で教えている専任教員もいるし、専任は煩雑な学内の作業も抱えているため正確には比較できないものの、それを差し引いても収入の格差は大きすぎる。しかも、社会保険や契約面で非常勤講師には保証はない。だから、人件費という視点でみれば、非常勤講師にかかる費用は専任の10分の1以下と見ることもできるだろう。

ちなみに早稲田大学法学部は最低4コマ最高7・5コマ、文学部は科によるが5〜6コマが標準的な担当コマ数だ（2001年）。

専任教員の年収平均1500万円という数値は、労使交渉で明らかにされたものである。

「早稲田大学の半分近くの授業は非常勤講師が担当していると思います。専任は大学運営に係わる雑多な作業を抱えてはいますが、教えるという点では専任も非常勤も仕事内容は変わりはなく、学生から見れば、専任も非常勤も区別ありません。どちらも先生です」

と複数の学部で教えるD非常勤講師は語る。大学だけでなく、正社員と非正規社員の関係と基本的には同じだ。D氏の場合は、一コマ2万6000円で週5コマ、他の大学で週2コマ授業を受け持っている。大学によっては非常勤講師の報酬が一律のところもあるが、早稲田大学では年齢によって上下がある。

本書の冒頭に示した契約期間最長5年を通告した3月25日付の文書によれば、新たな給与規程は、49歳以下2万8000円、50歳以上3万1000円となっている。準備を含む2時間計算で、時給だけで見ると高いように見えるが、夏休みや冬休みは授業がないので、低賃金になってしまう。念のためだが、1コマ2万8000円というのは、1回の授業とその準備にたいしてではなく、月4回授業を行なって2万8000万という意味である。

また、「授業のためにはその前後に膨大な時間かかっている」（非常勤講師E氏）ので、「準備を含めて2時間」というが、実際はそれですまない。先のアンケート調査を見てみると、授業時間以外に費やす時間も多い。授業の前後に使う時間の平均は、専業非常勤は平均2・8時間、非常勤兼職は4・7時間で、全体の平均は3・2時間になる。

試験作成も講師の仕事であり、専業非常勤が3・2時間、非常勤兼職が3・3時間、全体の平均は3・1時間。さらに、試験やレポートの採点に費やす時間は、専業非常勤が6・1時間、非常勤兼職が10・2時間で全体の平均は7・0時間となっている。

非常勤講師のF氏は、なんと専任教員の責任担当コマ数の3倍にあたる週15コマ（早稲田大学で7コマ、他の4大学で8コマ）の授業をこなし、なんとか税込年収500万円に達している。5つの大学で働いているため、移動だけでかなりの時間を奪われ、準備も大変だから、疲労困憊であろう。それでも扶養家族が4人もいるため生活が成り立たず、F氏は日曜日、休日、年末年始は配送センターで時給850円のパート労働に従事しており、夏休みや冬休みを除いて休みが全くない。F氏は「それでも私は家でゆったり音楽を聞いたりできる。もっと大変な人は沢山いる」と言う。

ある講師はこう言う。

「高校の（正規）教諭は、大学の授業に合わせて概算すると16コマくらいで年収700万円くらいが普通です。語学系の大学講師は10～15コマくらい受け持つ人が多い。しかも大学の授業は、高校などに適用される学習指導要領的なものがなく、独自に作り上げるため手間暇もかかり、それを考えると驚くほど低賃金です」

◇専任並みの給与得るためには1日48時間労働が必要

B講師は言う。

「専任教員は学内の複雑で煩雑な事務作業や会議などを抱えていますから、かならずしも報酬を直接比較はできないかもしれません。しかし、そのような事情を考えても、非常勤との差はありすぎます」

B講師が指摘するように、たしかに煩雑な事務や学内行政を抱える専任教員の事情もあるだろう。しかし、説明のつかないほど収入格差があることは事実だ。

前述したように、3月19日に行われた労使交渉の場で、大学側の清水敏常任理事（副総長・労働法教授）は、専任教員の平均年収を1500万円と答えている。学部や学科による違いはあるが、早稲田大学では、専任教員は週に最低4コマ（4時限）の授業を受け持つことになっており、週に5コマくらいの授業を行うのが平均的専任教員だ。

非常勤講師の報酬は1コマ約3万円なので、専任と同じ5コマならば年収はおよそ180万円にしかならない。だから、非常勤講師は平均で1週9・2コマの授業をし、平均3・1大学をかけもちで教えている。

どれくらい理不尽な差があるのか。首都圏大学非常勤講師組合の志田昇書記長が、こんな説明をしてくれた。

「1コマ90分の授業は2時間と計算されます。そうすると、平均的労働時間の週40時間でみっちり働いたとしても週20コマしか授業を持てません。平均的な高校の正規教諭の年収700万円を得ようとするとどうなるか。文科省は、実際に要する労働時間は授業時間の3倍と認定していますから、40時間×3は120時間。週5日だとすると1日24時間働いてようやく年収700万円くらい。

早稲田大学の専任教員の平均年収は1500万円だというのですから、高校教員クラスの2倍だと考えると、週に120時間×2＝240時間。実際には土曜日の授業を受け持っている人もいますが、週休2日を想定すると、1日に48時間働かないと、専任教員並みの年収を得られないことになってしまいます。

昔、24時間戦えますか？　というテレビコマーシャルがありましたけれど、1日48時間働けますか？」

授業の準備、授業、採点、レポート読み、教科書会議への出席、学生の単位認定……など多くの非常勤講師が実際にやっている仕事は、授業に関しては専任とほぼ同じである。

別の機会にも、非常勤講師6人に話を聞く機会があった。筆者はこう尋ねてみた。

「合理的に説明がつかないほど格差が大きい専任と非常勤の分かれ道はいったいどこにあるのですか」

答えは「99％、コネです」だった。これは「運」です、というニュアンスに近い答えだった。専任教授らのとのコネクションがあり〝かわいがられる〟人ならば、将来は専任教員になれる可能性がある。大学の人事は徒弟制度が今も活きているから、なおさらであろう。ある私立大学で理事を務めていた経験のある人物は、「昔ほどではない」と言うが、コネや徒弟制度が残っていることは事実だ。

「能力があっても大学にとってメリットがない人は専任への道は難しい。メリットというのは、集客能力です。それに、ほとんどの人は博士号をもっていますが、大学院を出て博士になれるまでにには30歳くらいになるでしょうか。30歳の博士が一般企業に就職するのはほとんど無理なのが現実です」と言う非常勤講師もいる。集客能力とは学生を集める能力のことだ。

先のアンケート調査にも、専任と非常勤の分かれ道に触れている回答がある。

《個人的な話ではありますが、小生はこれまで非常勤生活20年以上の間に3回、あともう少しで専任職が決定というところまで行きました。どれも私の能力とは別の、ほんのちょっとしたことで職を得ることができませんでした。

具体的には、年齢が2つ下の者を取ることにしたとか、研究テーマが似ているので別の人にしたとか……特に語学の場合、専任にありつけるものと非常勤のままの者の差は運であると実感した次第です。まあ、人生そのものがかなりの部分を運に作用されるものであるのは言うまでもないことなのですが。

ただ、この「運」にすぎないものから生じる結果は、あまりにも大きいと言わざるをえません。かたや週6～7コマで1000万円の給料をもらえ、かたや週20コマ近くやってもその半額もらえるかどうか。もし仮に学問の差がはっきりあるとか、論文本数に大きな差があるというのならともかくも（ここでは内容については問いませんが）、実際はほとんど同じことをしてきながら、これではなかなか納得できるものではありません。まあ、結果が不平等なのは世のならい、機会さえ平等ならしかたがないではないかということも言えるのかもしれませんが……》

実情がわかり、心情も察せられる回答だと思う。

◇大学院重点化政策の悲惨な結果

収入といい、労働条件といい、格差というよりは不公正な身分差別である。その背景を、首都圏大学非常勤講師組合の松村比奈子委員長が説明する。

「大学院を増やす政策をとっていながら、大学院を出た後のケアを何もしないからです。また、教育予算が非常に少なく、不足する分を非常勤講師らの低い報酬と授業料値上げで充当しています。30年くらい前（1975年比）に比べて私立大学の授業料は約5倍の値上げ、国公立大学は15倍の値上げです」

「大学院を増やす政策」とは、いわゆる大学院重点化政策のこと。一般的には、大学の教育研究組織を従来の学部を基礎とした組織から大学院を中心とした組織に変更することである。1991年の東京大学法学政治学研究科を皮切りに、翌1992年に京都大学法学研究科、1993年に北海道大学理学研究科がそれぞれ重点化を行った。こうして旧帝国大学などが相次いで大学院重点化を行い、私立大学にも広がっていった。

もちろん、重点化の中身も問われるわけだが、労働問題から大学を見る本書の性格からいって、大学院生が激増することによる就職難を指摘したい。大学院重点化政策が始まった1991年の大学院在籍者数は、合計9万8650人（うち博士2万9911人）。

この時点から大学院生が増加していき、文部科学省の学校基本調査によると、2012年には大学院在籍者が26万3289人に達している。その内訳は、修士課程在籍者16万8903人、博士課程在籍者7万4316人、専門職学位在職者2万70人となっている。1991年に比べて約2・7倍に激増しているのだ。

激増した博士課程修了者の身の振り方、すなわち就職先が確保されていないのである。文科省の統計では、2013年3月卒業の博士課程修了者の就職率は66・8%なので、それほど悪くないように見えるかもしれない。しかし、数字を鵜呑みにするのは禁物だ。その中には非正規としての就職が14・6%含まれているし、たとえば、なんとか非常勤の授業を週1コマでも2コマでも得たとしても、職を得たと見なされるからである。仮に、30歳手前くらいの人が早稲田で週2コマ授業をもてたとしても、49歳以下は1コマ2万8000円なので年収は67万2000円にしかならない。これで暮らしていけないのは言うまでもないだろう。

さらに、学部の学生や大学院生、そして保護者にとって重しになるのは、高額な学費である。1975年に国立大学の授業料は3万6000円で入学料は5万円、私立大学は同じく平均18万2677円と9万5584円。それが2010年には、国立大学が授業料53

万５８００円、入学金28万２０００円。私立大学は85万９３６７円と26万７６０８円。これ以外に施設整備18万８９０７円がある。つまり、国立大学の授業料は約15倍に増え、私立大学の授業料は約４・７倍にもなっている。

反対に、１９９８年から15年間は平均賃金の減少傾向が続いているので、実質的な学費負担は、より大きくなっているのだ。

◇サラ金なみの奨学金地獄

年々下がる勤労者の収入、増え続けてきた学費。望みの綱は奨学金ということになろうが、それは地獄の一丁目となりかねない。学部学生、大学院生、そして非常勤講師の生活を圧迫するのは、低収入・低報酬ばかりではなく、服を着たまま川に落下したような重圧を与える「奨学金問題」である。首都圏大学非常勤講師組合の機関誌『控室』第84号に松村比奈子委員長は書いている。

《30数年前に比べて国公立大学の授業料は15倍になっているのだから、端的に言って、今の大学生が奨学金を借りた場合、30年前の大学生の15人分（国公立の場合）の学費を返さなければならないという負債を抱えるのです。（中略）大学だけでも６００万円以上の負債、さらに大学院の修士・博士課程までとなると１０００万円を超える奨学金返還の負債を抱えて社会に出ることも稀ではなくなりました。教育を受ける権利と引き換えのこのような異常な負債に対して、文部科学省は「応益負担」という答弁を繰り返すのみです。応益負担とは、利益を受ける者が負担すべきという意味ですが、例えばコーヒーを飲みたければ相応の料金を払うべきという考え方がそれです。奨学金とは学費の立て替えに他ならないのだから、サービスを受ける学生が負担して当然というわけです。

たしかに、一般の市場原理において応益負担は常識ですが、財政においては非常識です。なぜなら、財政学の基本原理は「応能負担」だからです。応能負担とは、サービスの内容に関わらず払える者が払うという意味です。所得税や国民健康保険の支払額が年収に応じて異なるのは、受けられるサービスの多寡ではなく支払い能力の有無で判断しているからです。そうでなければ、生存権や教育を受ける権利などの社会権は、医療・教育・福祉などの公的サービスへの支払い能力がなければ保障されないことになり、人権ではなくなります。

そもそも、高等教育を受けることの利益は、学生個人ではなく社会全体です。能力のある学生が、その能力を高め相応の仕事について成果を上げれば、その利益は社会全体のものです。だからこそ、先進諸国は皆高等教育の学費負担への無償化に向けて、国際人権規約の条項（社会権規約13条C項）を批准しています。日本がこの条項を批准したのは、実は今年（２０１２年）の９月になってからでした。１９６６年に誕生した国際人権規約において、この条項を批准していないのは、１６０カ国以上の加盟国のうちもはやマダガスカル１国のみです。能力のある若者を育てるという民主主義国家の重要な責務を、この国はずっと個人（家庭）に押し付けてきました。日本学生支援機構の奨学金制度は、結局のところ市場原理に基づく教育ローンでしかありません。そのような消費者金融を、なぜ国家が行う必要があるのでしょうか。

近年、日本は格差社会が拡大していると言われます。格差とは、具体的には経済格差であり、経済格差を生み出すものは雇用格差です。非正規雇用によって収入安定への道が損なわれれば、次の世代は奨学金を借りることもできなくなります。既に経済的困窮のために大学進学を断念する若者が増えていると言われています。今や、私たち非常勤講師が身をもって、非正規雇用の中で奨学金返済が生活にどのような影響を与えているのかを明確にし、安心して生存できる権利すら損なわれている現状を国や社会に訴える必要があります》

奨学金が抱える問題の本質をずばり突いた文章であろう。「応能」負担を拒否し、「応益」負担を市民に押し付けるのは、新自由主義者の特徴である。何よりも、日本の教育予算は経済規模の割に少なく、教育予算のGDP比は3・3％と経済開発協力機構（OECD）加盟国のうち日本が最低で、平均は5・0％（2008年）である。

唖然とするような早稲田大学の偽装選挙が明らかになった9日後の2013年3月28日、同じような問題を抱える大学関係者が参議院議員会館の会議室で緊急集会を開いた。その中で、全国大学院生協議会の奥村美沙子議長（2012年度議長）が次のように現状を語った。

「実態をアンケート調査しています。その結果、56％の院生が就職に不安を持っています。高い学費を10年間支払い続け、過半数の大学院生が奨学金を借りています。300万円は普通で、1000万円借りている人もおり、卒業後に返済しなければならないけれど、就職が非常に困難なのです。

また、成果主義、業績主義が強調され、研究しようにも4人に1人がアルバイトによって研究時間をとれません。こうした環境の中で心身の不調を訴える者も多く、なおかつ経済的な理由から進学をあきらめる事態が起きているのです。このままでは、社会の役に立ちたいと研究者になる若者が減ってしまう。非常勤講師でも、無期契約が普通になるようにしてほしい」

このアンケートを補足すると、生活費と研究費の工面に不安を覚える院生は50・7％である。ちなみに、日本学生支援機構の奨学金の借入総額は、100万円以上200万円未満が31・1％で一番多く、200万円以上300万円未満が21・0％と続く。500万円以上借りている人は、21・6％もいる。

奨学金と称する学生ローンが、サラ金並みの取り立てになっている実態の事例が『日本の奨学金はこれでいいのか！　――奨学金という名の貧困ビジネス』（あけび書房・奨学金問題対策全国会議編集）に掲載されている。共著者のひとりであるジャーナリストの三宅勝久氏が書いた事例を筆者が要約して一部紹介する（『マイニュースジャパン』に掲載されたオリジナル記事より）。

《1992年から1995年までの3年間大学院に在籍していたBさんは、日本育英会から約380万円借りた。思うように常勤の教員職に就けず非常勤講師の仕事を得た。いいときで年収150万円程度だったので、年19万円ずつの返済も苦しく、5年間の返済猶予制度を利用するなど紆余曲折を経る。

そして、日本学生支援機構の委託を受けた日立キャピタル債権回収会社から、未払い元金の85万円（380万円のうち償還期日がきたもの）と年利5％の延滞金を督促されるようになる。困ったBさんが相談し、結局は月5000円ずつ支払っていくことになった。仮にBさんが毎月5000円を払い続けたとすればどうなるのか試算をしたところ、次のような結果となった。

月5000円の支払いは年間にすると6万円。要返還の元本額は毎年19万円ずつ増えていき、返済できなければ未払い残元金となる。そこに5％の延滞金がつく。要返還額が元金85万円の時点なら、延滞金は年4万2500円。翌年は要返還金額が19万円増えるので、未払い元金が104万円、遅延金は5万2000円となる。次の年も同様であれば、未払い金は123万円に増加し、延滞金も6万1500円になる。結果、50年間、欠かさず毎月5000円を支払ったとしても、元本はほとんど減らない。Bさんの年齢は80歳、支払った額は340万円に及ぶが、そのほとんどが延滞金に消えてしまうことになるのだ。そしてなお、残元金と延滞金合わせて800万円の借金が残る計算だ。Bさんが亡くなって、相続放棄できない事情があれば、遺族がこの負債を抱えることになる》

これはまさにサラ金であり、貧困ビジネスといってもいい。奨学金とは、経済事情にめぐまれない学ぶ者に対し給付するもので、返済を迫ったり利子をつけるものではない。単なるサラ金になっている奨学金制度をまともにするには、法改正も必要だ。

◇新自由主義につぶされる大学

3月28日に行われた参議院会館での緊急集会には、労働契約法改正の影響を心配する大学や研究機関の関係者であふれた。現状と近未来を考察するうえで気になる報告がひとつあったので、ここで指摘しておきたい。それは、日本科学者会議若手研究者問題懇談会・上野鉄男世話役の発言である。

「理化学研究所（独立行政法人・日本で唯一の自然科学の総合研究所）の中の脳科学研究総合センターでの話です。そこでは、研究員のほぼ全員が非正規。それも1年更新の契約を理事長と結ぶ形で進められています。理事長は、ノーベル賞をとられた野依良治さん。脳科学総合センターのセンター長は利根川進さん。やはりノーベル賞をとられた方がやられています。

3年前（2009年）に利根川氏がセンター長になったのですが、そこには60くらい研究所があり、それぞれ10人程度の研究員やらスタッフがいるんです。その中で、結果的に45くらいの研究室が閉鎖されていきました。

外部の有識者によって審議する場があり、メンバーの4割が外国人。そこが研究室の審査と評価をしています。『10年以上研究室続けてきたけど、目立った成果もなく、顕著な学術雑誌の論文も少ないので閉鎖します』というように、1年ほどの間に4分の3くらい閉鎖される見通しになっています。研究室のリーダーがクビになり研究室が閉鎖されると、働いている研究員が自動的に失業します。センターの構成員約600人のうち450人くらいが失業しそうな状況になっている。

その一方で新しい研究室をつくり、公募によって世界から研究室のリーダーや研究員を募る。研究室のリーダーに対する個別の評価に対しては、研究室としての組織的抵抗は難しい状態になっています。研究室のリーダーは、全構成員をプロジェクトの目標の方向に先導していく。だから上意下達で特定の研究をやれ、となります。目標からはずれる研究は認められないし、それを少しでもやると冷遇される。自発性や研究の自由などはほとんど認められず、とにかく目標に向かって突っ走れ、とけしかけられるわけです。

働く研究員は、リーダーが目指す（欲しい）データが出るように努力して、目標に対する自分の成果とその評価を書いた報告書を年度末にリーダーに提出する。これに対してリーダーから評価がなされて、来年から来なくていいとか処遇を下げるような指示を言い渡されることになっていくでしょう。

したがって各構成員は研究業績をあげるために必死にならざるをえない。リーダーも構成員もゆとりのない研究スタイルになっているのです。このようなプロジェクト型の研究スタイルでは、短期的には研究成果は出るかもしれませんが、画期的な本当の研究の大事なところが期待できません。このような状況になっている。すでに雇い止めになっている人から、労働契約法の改正もあるけれど、このような内情を集会で話してほしいと言われました。労働契約法の趣旨からいうと、正規の教員研究員を増やし、若手の研究者が将来研究をつづけられる環境をつくってほしい、ということです」

右の現状をみれば、短期的成果をあげるために合理化していく〝新自由主義大学〟が驀進中、というところだろうか。とくに、研究内容に発言権のある外部の有識者会議の4割が外国人というところが気になる。グローバル化を目論む勢力が入っていることは想像に難くない。

このように、企業やそれを支える金融権力などに都合のいい研究内容や研究者がもとめられる状況の中に、今回の5年上限問題が出てきたことが問題なのだ。日本私立大学団体連合会の清家篤会長（慶應義塾大学長）は、２０１３年6月26日付で「『労働契約法の一部を改正する法律』に関する要望について」という文書を下村博文・文部科学大臣に提出している。

《……この影響により、優秀な人材の大学教員離れや政府を中心とする大学院高度化施策、加えて競争的外部資金を原資とするプロジェクトにかかわる研究者の流動の停滞が懸念されます。そのことが研究教育の発展の妨げになるおそれがあり、〝大学力という国力〟の衰退につながることにもなりかねません。

（中略）わが国の教育研究の発展と継続性及び若手研究者の人材育成等の観点から、私立大学における有期契約労働者については、無期雇用契約への転換ルールの適用から除外するなど、弾力的な運用が可能となるよう強く要望いたします》

清家氏の要望書にある「競争的外部資金を原資とするプロジェクトにかかわる研究者の流動の停滞が懸念される」という部分は、脳科学総合センターで起きていることと連動しているのかもしれない。なによりも、驚くほどの低報酬と悪条件に晒される非常勤講師の実態が〝大学力という国力〟の衰退につながるのだ。

これらの状況をふまえ、3月28日の参院議員会館における緊急集会では、5年上限問題を少しずつ断念させていることを首都圏大学非常勤講師組合が説明した。この日までに同組合は、数十大学と交渉し、法の趣旨や運用を説明して、多くの大学で5年雇い止めを阻止した。

専任の教職員組合が5年雇い止めを阻止した例もある。国立徳島大学ではこの4月1日から、教員ではなく約千人の有期雇用「職員」の雇用期限（契約更新回数の上限）を撤廃することになった（「しんぶん赤旗」2013年3月18日付）。同大学教職員労働組合は前年2012年2月に正規・有期雇用職員を対象にアンケートを実施し、正規職員の約80％（回答数159）が「有期雇用職員の雇用期限は不都合」、正規職員・有期雇用職員を合わせた全体の約90％（回答数354）が、「雇用期限撤廃」「延長」を選択している。このように、労働契約法改正の趣旨を理解し、労使協議で改善した大学もある。

組合が交渉したことによる確実な成果も報告されたので、参議院議員会館での緊急集会は、危機的な状況の中でも熱気を帯びて終わった。

5年雇い止めを実現しようと強硬姿勢を示す、早稲田大学と大阪大学の姿を浮かび上がらせた集会ともいえる。

5年雇い止め就業規則の強行施行まで、あと4日間。

第3章　反撃開始

◇東京地検に告発

早稲田大学の数千人の非常勤講師がまったく知らない間に実施されたという過半数代表選挙により、２０１３年4月1日から早稲田大学は非常勤講師の契約期間を最長5年とする就業規程を実施に移した。授業内容や研究に細かな影響を与えるというようなレベルではなく、貧しい生活を強いられている非常勤講師（その多くは博士号を持つ）たちの職さえ奪おうとするものだ。

それればかりではない。強行された就業規程では、非常勤講師が持てる授業数を1週で4時限（4コマ）を上限とすることも盛り込まれていた。これ以上の授業を受け持てないので、多くの人が確実に収入減になる。さらに、クーリングを適用すると大学当局は言い出したのである。カタカナでなく「実質的な一時解雇」という漢字を使うと深刻さが明らかになるだろう。契約上限の5年になる前に半年間、空白期間をもうけ契約しない。つまり一時解雇にしたうえで、半年以上すぎてから再契約できる制度である。これにより、また1年目からはじめ、無期契約に転換できる5年の実績をつくらせないという姑息な手段だ。

死活問題に直面した非常勤講師たちは、素早い対応を求められた。しかし、首都圏大学非常勤講師組合（以下、首都圏組合）が交渉の全面に出ているとはいえ、当の早稲田大学内で早稲田ユニオン（首都圏組合の分会）結成準備会に結集する当事者は、実は問題発覚の時点で10人程度というありさまであった。これでは怒濤の勢いで事を進める当局の動きに対応できない。

そこでまず、首都圏組合の松村比奈子委員長（憲法）と、同組合に協力する早稲田大学の佐藤昭夫名誉教授（労働法）が4月8日、東京地方検察庁に刑事告発したのは第1章で述べた通りである。就業規則の改訂や新設をするため、事業場の過半数を超える労働組合がない場合には、過半数代表者を選び意見を聞かなければならない。このことが、労働基準法第90条2項に定められている。懲役刑はないが30万円以下の罰金も科せられており、立派な刑事罰である。直接の当事者がおこなえば「告訴」だが、二人は第三者であるため「告発」となる。

労働問題をめぐって労使間でトラブルが起きて労働局などに調査を求めたり、不当労働行為救済申し立てなどを行うのならわかるが、東京地検に告発という事態は、大学界に衝撃を与えた。事実、首都圏の有力私立大学である法政大学がいっときは5年上限を設定すると主張していたが、刑事告発をみたうえで、在職している者については撤回した。このほか、琉球大学、昭和女子大学、立正大学、玉川学園大学なども続いた。また、お茶の水女子大学、東京工業高等専門学校は、就業規則に無期転換についての規程を明記することを表明したのである。

明らかに刑事告発の影響がみられるが、仮に裁判になったとしても、結論がでるまでには相当な時間を要する。新年度から契約更新に入る非常勤講師もいるので、明日、明後日に迫った契約書をどう扱えばいいか緊急の課題に直面することになる。そうした現場の人への手助けとして首都圏組合は、つぎのようなアドバイスをした。

《……個々の非常勤講師に対して、雇用条件確認書の提出などにより不利益変更の承認を求めてくることも予想されます。この場合には、どう対応すればよいでしょうか。組合に加入していない場合は「5年雇い止めや4コマ上限」等の一方的不利益変更箇所について、合意できない旨表明し、雇用条件確認書の修正を求める必要があります。そして、修正には応じない。雇用条件確認書の締結が来年度の契約更新の条件である、という対応があった場合には、不同意ではあるが雇用継続のためにサインする旨を表明し、署名すべきです。この場合には、5年雇い止めや4コマへのコマ減が行われた場合に、裁判等法的な手段で争うことが可能となります。

しかし、首都圏大学非常勤講師組合はすでに、早稲田大学理事会との団体交渉において5年雇い止めや4コマ上限の一方的不利益変更に不同意を示しています。当組合への加入は、最も強力で明確・確実な不同意の意思表示となります》

このような具体的な指示と呼びかけをビラやホームページで明らかにした。一番重要な5年で雇い止めはもちろん、個々人がもつ授業の上限を減らす「コマ減」や後述するクーリング制度（実質的な一時解雇）で、契約の通算年数を白紙にさせて雇用だけは継続するが無期雇用転換阻止を図る方法についても、同意しないことを明確にしたうえで、組合に連絡するように呼びかけたのである。

こうして、一人、二人と組合加入者が増え、当局と対応していくことになる。現実に個人が対応するのはきわめて難しく、首都圏組合は4月27日に緊急説明会を早稲田大学構内で開催、およそ60名の非常勤講師らが駆けつけた。ここで首都圏組合の分会として早稲田ユニオン分会設立の方針を決め、5月4日には、第1回の準備会を開催し、以後毎月行われるとになった。

5月末、検察の指揮の下、早稲田大学担当特別司法監督官が、告発者である松村委員長と佐藤名誉教授に事情を聞き、6月4日には東京地検が告発を正式に受理するまでに事態は推移した。

◇告知文書を投函したかしないか

この時点で刑事告発の状況は今後どうなるかは不明だったが、一人ひとりの非常勤講師や首都圏組合としては、大学理事会との交渉で、なんとしても5年上限や4コマ上限、クーリング制度導入を撤回させせなければならない。

第1章の第1回団体交渉（3月19日）で明らかになった衝撃的な事実、すなわち担当責任者の清水敏副総長（総務・人事担当常任理事）が、すんなりと過半数代表選挙で「規則通りに手続きを踏めない」旨を述べ、最初から違法性を認識していたことがわかった。その場で、非常勤講師が大学に来ない2月14日に過半数代表選挙の告示や投票用紙（不信任投票用紙）を非常勤講師用のメールボックスに配布したと大学側が述べたことをもとに組合側は、入試期間中の学内事務所閉鎖状況、投票の結果、投票で選ばれた者が提出したという意見書の提示を求めるなど、何度か書面のやり取りをしたうえで、6月6日に第2回目の団体交渉が開かれた。

ところが、過半数投票について詳細がわかる交渉のはずが、大学からの回答はゼロに近かったのである。ひとつには大学を代表して担当責任者の清水敏副総長が出席せず、大野高裕教務部長（理工学部教授）と大学側代理人として平越格《いたる》弁護士が中心に応対したことでスムーズには進行しなかった。冒頭、組合側が出した文書に対する回答書が期日まで出なかったことで、延々とやりとりが続き、なかなか本題に入れなかった。

まず、入学試験期間で構内に自由に入れなかったので、全ての学部の閉室状況と通知文書のポスティングが問題になった。非常勤講師の誰もが就業規程制定のための過半数代表選挙を告知した通知書を見ていないから、その事実の確認が先決だ。

▽渡邊副委員長（組合）　送付に関しては、日付はいいですよ。レターボックスに入れたのかってことを回答しなきゃいけないのに、閉室状況の話しに切り替わっているわけです。ごまかしじゃない、こんなの。（中略）前回（3月19日第1回団体交渉）だってそれ（文書）を入れたって言ったわけです。入れたのか、入れなかったのかを聞い

ているわけですよ。（中略）もう一回確かめますけどね、教員控え室を閉室したしないということは一応置くとして、2月14日の文書（筆者注：「非常勤講師就業規程に関する過半数代表者の選出について（公示）」）、清水氏の文章はメールボックスに入れたんですか、入れてないんですか。

▼（大学）……

▽今井拓副委員長（組合）　閉室したところに入れたんですか。

▼（大学）……

▽志田書記長（組合）（講師控室が）開いているかを聞いているわけじゃないですよ。入れたかどうかを聞いているわけです。開いていても入れなきゃ同じことだから。

▼平越格弁護士（大学）　だから、それを今になってこの場でどうだって……。（中略）本部から箇所においてどうだったかを今回調べて……。

（中略）

▽渡邊（組合）　だから、入れたか入れなかったかって聞いているの。なんで閉室状況と話が入れ替わるわけ。

▽今井副委員長（組合）　何を言っているんですか。何も答えてない。

（中略）

▽志田（組合）　入れた、入れないって言ってるんですよ。
▼平越（大学）（団交記録を）反訳して……。
▽渡邊（組合）　あなた確かめてないじゃない。一番中心的な問題を。過半数代表の手続きの問題になってるんですよ、中心が。
▼平越（大学）　こちらの認識としては、教員室が閉まっていたかどうか。閉まっていたんだったら、そもそも文書を入れないから、それはおかしいんじゃないかという議論になったというだけで。
▽渡邊（組合）　そんなことはない、入れたって最初に言ったから。
▼平越（大学）　そういう状況を……。
▽渡邊（組合）　言ったから。
▼平越（大学）　そこら辺は認識の相違があるかもしれない。
▽渡邊（組合）　入れたのかどうかだけ確かめてください。言ってください。
▽今井（組合）　どこに入れたんですか。
▽渡邊（組合）　どこに入れたの？
▼平越（大学）　そこは、あらためて整理します。
▽渡邊（組合）　あらためて整理？

この調子である。過半数代表選出の告知文書を投函したのかしないのか。答えは、「はい」か「いいえ」だろう。本来なら一行書けばすむ話である。ところが、告知文をメールボックスに入れたか否かだけでも延々とこのようなやり取りがつづき、再現したのはごく一部である。第1回の団体交渉から進展するどころか、かえって疑惑を呼ぶやりとりだ。では、告知文を投函したかどうかの前提となる講師控室等の閉室状況はどうだったのだろうか。

◇誰も見ないことを前提に告示書を投函

▽渡邊（組合） ……ちょっと質問ですが、教育総合科学学院ってありますよね。事務所は閉室、教員室は閉室って書いてある。これ、いつ閉室になったのですか？ 重要なことは、2月14日の前なのか後なのかということだけど……。こんなことは、こないだ問題になったんだから全部調べておかないといけないでしょ。

▼平越（大学） それは具体的に……。

▽渡邊（組合） 具体的にじゃない、平越さん、あなた発言する権利ない、（第1回団交記録を）読んでないから。

▼平越（大学）　そこまでの……。
▽渡邊（組合）　読んでないから。
▼平越（大学）　読んでますよ。
▽渡邊（組合）　だって、問題の中心だとわかってないもん。
▼平越（大学）　そこまでの読み込みができていないだけで……。

険悪で、やや乱暴な言葉のやり取りだと第三者は感じるであろう。しかしそれは、前回の団交で発覚した重要事項について調べてくれと組合側が要求し、それを受けての2回目の団交にもかかわらず、きちんとした資料を出さないどころか、大学側の代理人である弁護士が質問に答えていないからである。団交記録を「読んだ」「読まない」のやりとりが何度もでてくるが、A4判113ページの第2回団交記録（労使双方に同じ記録があるはず）を確認してみると、すべて読んでいないか、最初から答える気がなく形だけ団交に応じたか、どちらかひとつだ。

閉室に関しては、学生などが閲覧できるホームページが参考になる。

《入学試験を実施するに当たり、その準備および静穏な受験環境の維持のため、下記の期間中は、当該試験日の受験生、試験監督員および教職員以外の者は構内立ち入り禁止となります。早稲田キャンパス　２月６日（水）〜２月23日（土）》

あきらかに入学試験期間中は指定された人以外は構内立ち入りが原則禁止されている。さらにおまけがつく。理工学部のホームページでは、学生に対して次のように呼びかけている。

《非常勤講師（他大学教員や企業の方）と連絡をとりたい場合　非常勤講師は早稲田大学に研究室がありませんので、通常、授業以外は西早稲田キャンパスに出校していません。連絡したい場合は、「教員室」を通じて、郵送で連絡をとってください》

入試期間中は原則として立ち入り禁止になり、研究室がないから非常勤講師は授業以外は大学に来ない、と明確に示しているのだ。証拠をホームページに掲載し、ロックアウト期間中に公示書を配布したと大学は言っているのだから、かなりの確信犯である。教育学部に関わっている非常勤講師によれば、控室が開いていたのは２月５日までで、２月６日からは閉室。カギがかかって入室できず、仮に公示書が投函されていたとしてもメールボックスを見られない。

加えて、非常勤講師採用の可否を決める専任教員7名が過半数代表者の候補になり、不信任の場合のみ、非常勤講師は氏名・所属・連絡先を書いて紙を郵送しなければならない仕組みだ。首都圏組合の松村比奈子委員長は言う。

「非常勤講師の生活に重大な結果をもたらす選挙は手続き通りにできないということですが、早稲田では総長選挙に学生も参加し、信任投票をします。ただ学生は承認するだけですが、過半数代表選挙よりもずっと民主的な選挙が実施されています。

具体的には、総長選挙の手続きについての文書がポータルサイトに置かれてダウンロードできるようになっており、また候補者の略歴や所信表明まで公表されていました。

投票は各キャンパスに設けられていた投票所で行い、その際には学生証の呈示によって重複しないよう、厳重に票が管理されています。しかも投票は、無記名なのです。早稲田大学は、決して選挙の仕方を知らないわけではありません」

痛烈な皮肉である。そして、総長選挙に見られる丁寧さと過半数代表選挙のズサンさを比較すると、なりふり構わず非常勤講師を雇い止めにする就業規程を強行した早稲田大学の姿があざやかに浮かび上がってくるではないか。

◇誰も見ていないポータルサイト

過半数代表選出の公示を非常勤講師用のメールボックスに投函した以外に、パスワードを入れて閲覧可能なポータルサイトに掲示したと大学側は主張している。しかし、非常勤講師はシラバス（授業計画や連絡事項）作成や成績評価データ入力、学生からの質問への応答などはのぞき、通常は閲覧しない。それに第1章に書いたとおり、公示したという2月14日から2月28日の間に見た人はいないのである。

この点について第2回6月6日の団体交渉でも組合は追及した。

▽武藤副委員長（組合）　第1回団交では、それ（ポータルサイト）は見ることが義務ですかと聞いたら、それは義務じゃないです、とお答えがありましたよ。

▼平越弁護士（大学）　義務づけはしていない。だけども随時ご確認くださいと案内はしてるじゃないですか。

（中略）

▼平越（大学）　義務じゃなくても、こういう規程の改定は案内的に載せますよと……。

▽今井副委員長（組合）　それで充分だって言ってないですよ、清水理事は。
▼平越（大学）　今日は説明してるでしょ。
▽渡邊副委員長（組合）　なんで第1回団交と違う説明をしてるんですか。
▼平越（大学）　違わないでしょ、ポータルネットを使っているって説明しているわけだから。
▽組合員（組合）　事実確認したいんですけど、ポータルネットには何日に掲示を載せましたか。ポータルネットのどの部分に載せたんでしょうか。私、ポータルネットを確認してるんですけど確認できなかったんです、文書を。いまその文書を見られるのでしょうか。
▼事務方（大学）　事務的にお応えします。2月14日にその文書を載せています。ポータルネットに載せたのが2月14日で、どこに載せたかと言うと、お知らせの部分です。
▽組合員（組合）　お知らせっていうのはログインして最初に……。
▼事務方（大学）　ログインすると真ん中のところに、いろいろなスペースがあって、例えば連絡とか、職員の訃報とかが出てくるところがありますよね、クリックすると。
▽組合員（組合）　わかります。2月14日から何日まで掲載されたのですか。
▼事務方（大学）　2月14日から2月28日までです。そこで掲載が止まるような設定を

しています。
▽組合員（組合）　じゃ、その文書は参照できないんですね、2月28日以降は。
▼事務方（大学）　その後はできません。
▽松村委員長（組合）　じゃあ、なんでボックスに入っている方は4月になっても入ってるんですか。もう終わったのだからそんなの大学側が全部撤去すればいい話じゃないんですか。もし、文書で配布していればの話ですが。
▼事務方（大学）　それはご批判としては承りますけど……。
▽志田書記長（組合）　とにかくポータルでは誰も見てないわけですよ。見る義務もないと前回確認されていて、これが主たる手段じゃないんですよね。現実にこの間、サブロク協定の過半数代表選挙のことで、ポータルで周知したんじゃなくてなぜかEメールで送っていますよね。

大学当局の説明では、2月14日から2月28日までポータルサイトにお知らせを掲載していたという。では、実際に非常勤講師がどのようにアクセスしているかを見よう。シラバス（授業計画や連絡方法など）の締めきりは、文学学術院（文学部）では1月9日、政治経済学術院（政治経済学部）では1月18日。学部によって差はあるものの、ほぼ1月半ばには終了している。また、成績データの打ち込みも2月6日が締めきりである。学生からの質問なども含め、授業に関する業務は1月半ばに終了している。したがって、2月7日以降は、特別な理由があるか、あるいは何気なくポータルサイトにアクセスすることはあるだろうが、普通は閲覧しないのだ。

ポータルサイトで大学が掲載したという「お知らせ」を見たかどうか、さらには就業規程制定のための告知・周知に関して、後に首都圏組合と２０１３年9月21日に正式発足した早稲田ユニオン分会がアンケート調査で三つ聞いている。回答者は45人。

——非常勤講師就業規程に必要となる過半数代表選挙が行われたことを最初にいつ知りましたか。

2月後半1人、3月以降春休み5人、4月最初の出講時23人、その他16人である。「その他」の中には、「知らなかった」、アンケートが送られて「この手紙で意識」、「7月」。2月中に知ったのは1人しかいない。どのようにしてこの1人が知ったかは不明。

——過半数代表選挙の実施についての情報を最初にどこで手に入れましたか。

「Waseda-net ポータルの呈示」0人、「大学からのメール」1人、「教員ロビーのメールボックスの大学からの文書」19人、「首都圏大学非常勤講師組合からの広報」13人、「この

アンケート」7人、「その他」5人。このうち、メールボックスで見たほとんどの人は選挙がなされた（として）以降のことである
——2月14日から2月末の期間に Waseda-net ポータルにアクセスしましたか。
「アクセスした」8人（そのうち告知に覚えのある者0人）、「アクセスしていない」34人、「覚えていない」8人。つまり、ポータルサイトでお知らせ内容を認識した人はゼロ人である。

果たしてきちんとポータルサイトにお知らせが掲載されたのか。それを正しく確認するには「過去ログ」を大学が示せばいいが、大学側は拒否。後に東京労働局へあてた「陳述書」（2013年11月17日付け）で、非常勤講師の大野英士氏（早稲田ユニオン代表）は、過去ログの調査を要求している。

第一に Waseda-net ポータルを作成し、管理しているのは早稲田大学なのか。それとも別会社なのかを明確にすることが必要だ。通常、ホームページのログ（過去データ）は、コンピュータないしサーバの電磁的記録に残り、早稲田大学が2月14日から28日まで、どのような操作を行ったかを確認できる。さらに過去のものと現在のものとの比較も可能だ。もし早稲田大学が自前でホームページ制作会社を設立して自らホームページを管理しているなら改ざんは可能だが、外部の会社に委託しているとすれば、その会社を調査すれ

ば当該機関の操作状況を明らかにできる。したがって早稲田大学でホームページを制作・管理している部門、または委託先の会社にログを提出させて、当該機関に早稲田大学が過半数代表選挙の公示を掲示したか否かを調査すべきだと、東京労働局に求めているのである。

◇信任投票があったかないかも答えられず

非常勤講師控室の閉室状況、公示書を投函したか否か、教員用のポータルサイトに公示書を掲載したのか。それだけではなく、まだまだ疑問がある。いや、疑問というより謎に近い。大学の説明によれば、2月14日に専任教員のみ7名を過半数代表候補に指定し、彼らに対する「不信任投票」を実施したということである。事業場の全労働者の過半数を超える組合があれば、組合と使用者側の交渉で就業規程は決められる。しかし、過半数を代表する組合がない場合は、過半数代表を選出し、その選ばれた過半数代表者が意見書などの形で意見を述べることになっている。これは前述したとおりである。

ところが第1回の団体交渉で、非常勤講師など有期契約教員の就業規程を決めるにもかかわらず専任教員組合にしか声をかけていないことが明らかになったのだ。大学が示した契約形態別の教員は、専任が1848人、任期付きおよび専任扱いが303人だから二つを足しても2151人。それに対して非常勤の教員は4261人であり、専任教員の組織率が100％でも過半数にはならない。

この点について第2回の団体交渉でも再度確認された。

▼平越弁護士（大学） こちらは信任投票の御案内としてはポータルネットで足りたというのが……。
▽志田書記長（組合） 立候補の期間の案内はポータルネットでやったんですか。
▼平越（大学） 立候補の期間の案内、それはしていない。
▽志田（組合） なんで？
▼平越（大学） 教員組合（専任教員組合）に組合側から募ってくれと。
▽志田（組合） なんで（専任）教員組合の方に立候補してくれって言って、非常勤の方には案内しないいんですか。
▽武藤副委員長（組合） 我々の組合の方にはない。
▼平越（大学） それは前回の、まず教員組合とは、非常勤講師の処遇についていろいろ話し合ってきた経緯があると。それから、非常勤講師組合の組合員数もこちらは確

認できない。そういうわけで、教員組合の方は大きいし歴史もあるし、そういう非常勤講師の方の処遇について協議してきた歴史もあるので教員組合の方にまず声をかけたという経緯だと思います。

▽佐藤昭夫名誉教授（組合側補佐人）「まず」って、非常勤講師の組合にも声をかけるのが自然じゃないですか。

▼平越（大学）そこはそう考えなかったということです。

▽志田（組合）大きい小さいで組合を差別していいってことですか。

▽武藤（組合）しかも（専任組合が）過半数代表の組合であることの根拠はお答えできなかったんですよ。第1回の（団体交渉）のときに。

なぜ非常勤の処遇を決めるのに専任組合だけに声をかけたのか。そのやりとりが延々とつづく。ここで重要なのは、早稲田大学は最初から意図的に非常勤講師を過半数代表選出の協議から除外していた事実だ。では、その選任のための投票なり信任投票は行われたのか。第1回の団体交渉では、およそ次のような質疑応答があった。組合が「専任の教員たちには同じような信任投票があったんですか、ないんですか」と質問すると、大学理事会は「いや、過半数を代表する労働組合（専任教員組合のこと）がありますから」と答えた。それを踏まえて第2回では追及があった。

▽志田（組合）つまり、投票を呼びかけてない。信任投票をやっていませんってことでしょ。

▼平越（大学）行間の読み方じゃない。

（このあとしばらく、専任教員たちと、信任投票があったかないかについて激論が続く）

▽志田（組合）信任投票あったんですか。

（言い争い）

▼平越（大学）言ってないじゃない。それは教員組合……。

▽志田（組合）過半数を代表する労働組合があります、つまり（過半数代表選出選挙は）必要ないと言ってるじゃないですか。

▼平越（大学）想像じゃないですか？

▼大野教務部長（大学）言ってない。想像じゃないですか、それ。

▽今井副委員長（組合）どういう意味ですか。信任投票あったなら、その場で「あった」って答えられるはずでしょ。なんで答えられないの？

▼平越（大学）それは団交のときの会話の流れってあるじゃないですか。

▽武藤（組合）　じゃあ、どういう流れなんですか。
▽今井（組合）　信任投票があったなら「あった」と言うはずでしょ。
▼平越（大学）　そんな……。
▽今井（組合）　何を言っているんですか。
▼平越（大学）　そんなニュアンス、言葉のはなしでなく。
▽今井（組合）　ニュアンスのはなしじゃないよ。事実のことだよ。

この争いは、本来なら5秒で片が付く。質問に対し信任投票が「あった」か「なかった」かの二種類の答えしかないからである。膨大な時間を費やしながら、大学当局は回答しなかった。第三者から見れば、信任投票をしていない、偽装選挙だと思うだろう。違うなら早稲田大学はきちんと説明すべきである。

大切なのは、就業規程制定のための過半数代表選出の最後の部分、すなわち選ばれた過半数代表者（専任教員のみ7名）が出した意見書はどのようなものなのかである。就業規程に賛成なのか反対なのか、どの条項を認めてどの部分を認めないのか、7名の代表者の見解はどのようなものなのか。加えて、有権者が何人で投票結果の数字はどうだったかの正式発表もほしい。これがあってはじめて過半数代表選挙が終了したことになる。

第2回団体交渉の前に大学は意見書を要約した文書を出しただけだ。

▽志田（組合）　過半数代表の7名の意見書を公表してほしいんですが。

▽武藤（組合）　しかも、あなたたちの出した5月20日（の文書は）、これは要約じゃないですか。我々は意見書の内容を明らかにしてくれって言ってるのに。どういうことですか。

▼平越（大学）　だから意見の内容を明らかにした。これ以上……。

▽武藤（組合）　何を言っているのかわからない。

▼平越（大学）　意見書をお渡しする必要性はないと考えたんです。

▽武藤（組合）　なぜですか。

▼平越（大学）　どういう意見が出たということをご回答すれば足りるのですか。

▽志田（組合）　非常勤講師が、自分たちの代表の意見を見られないっていうのはおかしいと思いませんか。

▼平越（大学）　見られないってことを申しあげてない。だから、意見の内容としてどういうものが出たってことをお伝えすれば、そこからまた議論が……。

▽（組合）　はぁ？

意見書を理事会が要約したとなると、その要約に当局の意図・解釈が入るおそれがある。だからオリジナルの文書であり、一連の過半数代表選挙の終点ともいえる意見書を見せて欲しいと組合が要求するのは、実に自然なことであろう。それに、選出されたというのは7名である。しかし、大学が出したのは要約1通しかない。

▽松村委員長（組合）　7人いるんですよ。
▽志田（組合）　7通あるはずじゃないんですか。
▽今井（組合）　同じ意見書で名前が違うだけ？
▼平越（大学）　意見書としては7通。
▽武藤（組合）　7人なのにひとつの意見書ってことですか。名前は違うけれど、文書も違うけれど、まったく同一内容ってことでよろしいですか。一言一句違わずにまったく一緒ですか？

（中略）

▼平越（大学）　人によって違うっていったら違いますよ。7枚あるんだから。
▽武藤（組合）　そしたら全部出してくださいって言ってるでしょ。
▼平越（大学）　その必要はない。

▽松村（組合）　出せない理由は何なの？
（中略）
▽松村（組合）　現物見せてください。見せられない理由は何ですか。
▼平越（大学）　だから、その必要はないと考えている。
▽志田（組合）　有権者は非常勤講師の方なんですよ。主権者なんですよ。

3月19日に幻の選挙が発覚し、少しでも詳細が正確に把握できるかと思いきや、第2回団体交渉の6月6日には、いっそう疑惑が深まる結果となった。

◇傷口に塩をすり込む授業時間制限

非常勤講師を5年で雇い止めに続く第二弾は、担当する授業数の上限を1週4コマとする「4コマ制限である」。5月24日、学内の教務担当教務主任会議は、「非常勤講師授業担当時間の調整について」を決定した。2018年度の達成を目指して段階的に授業時間数を減らす計画であり、6月7日の学術院長会でその内容が確認された。この席で非常勤講師向けの通知文書案が提案され、6月18日に3776人（2012年度末）の非常勤講師のもとに届けられた「本年度授業を担当される非常勤講師各位」と題された文書である。受け取った講師の大野英士氏さん（後に早稲田ユニオン代表に選出）は、その文書の内容と、そこに秘められた早稲田大学の意図を次のようにとらえている。

「全学部合計で、1週間あたりの授業の上限を4コマ（4時限）とする通知です。来年度（2014年度）から段階的に減らし、2018年度までにすべての非常勤講師の担当授業上限を4コマにするという知らせです。たくさん授業を持っている講師の負担を減らす、と表向きの理由があげられています。

4コマを超えて5コマ以上授業を担当している非常勤講師は今年（2013年）6月現在で232人いますが、これらの人の収入が減ることになります。

いま早稲田では1コマ約3万円ですから1年で36万円。4コマだと早稲田から得られる年収が144万円という計算になります。

いま6コマくらい受け持っている人なら、216万円から144万円と72万円も年収が下がってしまいます。年収1000万円超える人にとっての72万円と我々の72万円では意味が違います。

早稲田で授業を減らされた分、他の大学ですぐに授業をできるかというと非常に厳しいのです」

補足資料：非常勤講師授業担当時間の調整に係る考え方

1．対象資格

・非常勤講師

・授業を担当している非常勤の研究員（客員上級研究員、客員主任研究員、客員次席研究員）

2．授業担当時間の基準

(1) 1時限の考え方

大学および専門学校については、90分授業1コマ＝1時限といたします。

中学および高等学校については、50分授業2コマ＝1時限といたします。

(2) 1週あたりの上限の考え方

春学期および秋学期の平均で授業担当時間が1週あたり4時限を超えないことを最終目標としております。

最終目標達成年度を2018年度とし、2014年度以降、段階的に調整いたします。

(3) 週1時限の考え方

学期ごとに計算し、例えば春学期において90分の授業を15回担当することで、春学期は週1時限担当と計算いたします。

①部分担当の場合

90分授業を春学期に、15回のうち5回担当した場合

1×15分の5＝春学期に0.33時限担当と計算いたします。

②クォーター科目担当の場合：通常の科目の半分といたします。

90分授業を秋学期（前半）に、8回担当した場合

秋学期に0.5時限担当と計算いたします。

以上

「非常勤講師授業担当の調整について」(6月18日文書)、2ページ目に週4コマの授業を上限にすると記載し、通知した。

そうでなくとも低賃金を強いられている非常勤講師に対して、契約期間を最長5年にして雇い止めできる就業規程を強行し、雇用さえ奪おうとしている。それに輪をかけて担当授業数まで上限を設け、さらに収入を下げようというのである。

だが、単に収入減だけなく、早稲田大学の真の狙いは別のところにある、と大野氏は見る。

「表向きは、たくさん授業を担当する講師の負担を減らすとされていますが、本当の目的は、改正労働契約法20条（不合理な差別の禁止）対策だと思います。

専任よりも多くの授業を担当している非常勤講師の収入が、授業の少ない専任の数分の1しかない状態は、『不合理な差別の禁止』に明確に違反するので、すべての非常勤講師の担当授業数を減らして、〝合理的な〟格差だと言いたいのでしょう」

日本中で正規従業員と非正規従業員の格差は拡大する一方だが、大学内の同職種における格差は異常なほどなので、第2章でその実態を述べた。念のため確認すると、専任教員並の年収を得るには、非常勤講師は1日48時間働かなければならない。

◇「我々は家畜ではない」非常勤講師15人怒りの告訴

いままで見てきたように、契約期間最長で5年で雇い止め、さらに受け持つ授業を週4コマに制限するなど、早稲田大学の一連の行為は、全教員の約59％を占める３７６２名の非常勤講師の劣悪な待遇を固定化どころか、悪化させてしまう。

なお、非常勤講師以外の客員教授、各種研究員ら非常勤扱いの教員４９９名を入れると、非常勤教員は４２６１名で約66％を占める。つまり34％の平均年収１５００万円（労使交渉における清水敏副総長・常任理事の言）の専任教員の権益を守るために残りを犠牲にしようというわけである。

雇い止めの危機、実質的な減給につながる週4コマ制限など、生活そのものが成り立たなくなるまで追い詰められた非常勤講師15人が6月21日、新宿労働基準監督署に対し鎌田薫総長ら理事18人を刑事告訴した。

すでに、首都圏大学非常勤講師組合の松村比奈子委員長（憲法）と早大の佐藤昭夫名誉教授（労働法）が4月8日に東京地検に刑事告発している。両者はともに第三者なので告発だが、今回は当事者である非常勤講師が訴えたので「告訴」となる。まさに当事者が

〝一揆〟に立ち上がったわけだ。

先の「告発」と同様に、労働基準法90条1項の義務違反を鎌田薫総長以下18名の理事が犯しているとの理由から処罰を求めたのである。罰則は30万円以下の罰金（同法120条1項）と微罪ではあるが、犯罪になる。通常、このような事態では、労基署に対して「申告」となるが、なぜ刑事告訴なのか。告訴状に名を連ねた前出の大野英士講師が説明する。

「4月8日に当組合の松村比奈子委員長らが東京地検に告発しています。このような案件を検察が直接捜査するというのはあまりないようで、検察指揮下で当該の新宿労基署が具体的に捜査するというのです。

そのため労基署に告訴したのですが、6月21日に告訴状を提出したとき、担当者が捜査には入っていると言っていました」

労基署への申告にとどまらずに告訴して処罰を求めた理由を、告訴状でつぎのように書いている。

《我々は家畜でもなく奴隷でもない。それどころか、非常勤講師のほぼ全員が大学院卒以上の高学歴者であり、理論や議論、議案に対して理性的に応じる知性も教養もあると、大学自らが認定したはずである。

早稲田大学が、そのような相手に対し労使の真の合意を求めて努力を続けることは、教育研究機関にとって重要かつ不可欠な使命なのではないか。にもかかわらず一切の説明もなく、正規教員のおよそ二倍にも及ぶ非常勤講師らの熱意と教育への貢献を無視して、一方的に切り捨てようとする理事らの態度は、自らの卑近な利益のためには他人を道具のように扱っても良いのだという、醜い利己心を感じる。

それは一大学のみならず、他の教育研究機関、さらには利潤の追求を掲げる企業への重大な悪影響を引き起こす。よって、単に労働基準監督署に申告し、その勧告を待つだけでは充分ではないと考える》

早稲田大学の悪質さと、もし非常勤講師が最長5年で雇い止めにされることが確定すれば、他の業界や企業への波及もあり得るから刑事告訴になったということである。

◇1枚の文書が示す法のすり抜け作戦

ある側面では、早稲田大学は情報公開が進んでいるので資料を集めやすい。今回の改正労働契約法を契機とした一連の計画についても、かなりの資料を入手できた。それらをひとつひとつ確認していくうちに、重大な文書に出くわした。
契約期間を最長5年にすると検討し始めた2012年11月2日の学術院長会議（学部長会議）に関連する資料「有期労働契約の規制と大学の雇用管理について」である。その一部に次のくだりがある。

《②雇用の上限が設定されておらず、既に長年に渡り契約を反復している非常勤講師などの有期労働契約者に対して、今回の法改正のみを理由として、契約期限を新たに設定する（または、契約を終了する）ことは、法的紛争になる懸念がある

（中略）

①任期の有無や、常勤・非常勤の差異による役割や職務内容の違いを明確にし、労働条件が異なることが合理的に説明できる状態である必要がある。
②上記①の役割や職務内容の差異によって、格差を説明できない労働条件（手当等）が存在しないか確認する必要がある》

前出の志田昇書記長に、右記の文書の意味を含め、早稲田大学の一連の動きの真意を説明してもらった。

2012．11．2
学術院長会

有期労働契約の規制と大学の雇用管理について

1．趣旨
2012 年 8 月労働契約法改正による有期労働契約の規制は、5 年を超える有期労働契約について、当該有期労働契約者に「無期転換申込権」を認めるとともに、期間を理由とする不合理な労働条件の是正を求めている。（無期転換申込権は 2013 年 4 月 1 日施行予定であり、施行日以降に開始する労働契約が対象となる）
この改正は、早稲田大学の教職員における有期労働契約の利用に見直しを迫るだけではなく、ひいては教職員全般の労働条件の見直しをも考慮する必要があるが、今後の法改正に伴う大学の動きと国の対応の展望が不明な現在、本学としては、近々に長期的な対策を立てて、準備する必要がある。
今回は法改正の趣旨を説明するとともに、本学における課題と問題意識を共有したい。また、今後、規約の改正を含め、順次必要な提案をしていく。

2．目的
法改正の目的は、「有期労働契約の反復更新の下で生じる雇止めに対する不安を解消し、また、期間の定めがあることによる不合理な労働条件を是正することにより、有期労働契約で働く労働者が安心して働き続けることができる社会を実現する」（施行通達）こととされている。これを受けて、大学は、良好な雇用環境を整備すべき責務を負っている一方で、同時に有期労働契約に依存せざるを得ない状況にある。大学における有期労働契約者の雇用について、これを契機に改善するために、どのような雇用管理方針が適切であるかが問われている。

本学としては、今回の法改正を早稲田大学教職員全般の雇用に関する課題と位置づけ、これまで必ずしも明確ではなかった教職員の有期労働契約期間を明確に規定することにより、有期労働契約の教職員が労働契約期間を明確に認識し、自己のキャリアプランを自律的に形成することを促すこととする。

3．法改正のポイントと今後の本学の具体的取り組み
本学としては、労働契約法改正を契機に本学における有期労働契約者の適正な雇用管理のあり方を検討するが、労働契約法改正のポイントと当面の本学の具体的な取り組みは以下のとおりである。

なお、詳細については、別紙の厚生労働省のパンフレットを参照してほしい。

(1) 学内のいかなる資格および資格の変更に関わらず、通算して 5 年を超える有期労働契約について、当該有期労働契約者に「無期転換申込権」が認められることになる。

1

非常勤講師の授業担当上限を専任の最低責任コマ４コマと同じにすれば、専任より多くの授業を受け持つ非常勤講師が、専任よりはるかに少ない報酬で働いていると批判されないためではないか、と組合側は批判している。

（例として、助手を退職し、クーリング期間をおかずに助教や非常勤講師になる場合には契約期間は通算される）

①本学における有期労働契約のあり方を検討するなかで、非常勤講師を含めた各資格での契約のあり方と契約年数の上限を規定する必要がある。

なお、本学助教（高等研究所を除く）の在職期間については、「早稲田大学における任期を定めた教員および研究助手の任期に関する規程」第2条別表で「本学の助教としての在職期間の合計は 6 年を超えることができない。」と規定されているが、無期雇用の助教は想定していないため、上限を5年とする規程改正を行なうこととし、2013年4月1日付以降に採用される助教については、その変更を前提として、公募要領の記載や雇用条件提示および締結を行うこととしたい。

②上記①とあわせ、何らかの雇用契約が他箇所で既に締結されている、あるいは直前まで締結されていた有期労働契約者との契約のあり方や、他契約と通算した契約年数の上限についても規定する必要がある。（TA、RA、研究補助者等である期間を含めて、助手・助教と段階を踏んだキャリア形成のあり方を検討する必要がある）

(2) 雇止めに関する従来の判例が法定化された。

①適切な契約および契約更新手続が必要になる。

特に助手や非常勤講師については、雇用期間を含め、雇用条件を明確に提示する必要がある。また、非常勤講師に関する就業規則を整備する必要もある。

②雇用の上限が設定されておらず、既に長年に渡り契約を反復している非常勤講師などの有期労働契約者に対して、今回の法改正のみを理由として、契約期限を新たに設定する（または、契約を終了する）ことは、法的紛争になる懸念がある。

(3) 期間の定めがあることを理由とする不合理な労働条件が禁止された。

①任期の有無や、常勤・非常勤の差異による役割や職務内容の違いを明確にし、労働条件が異なることが合理的に説明できる状態である必要がある。

②上記①の役割や職務内容の差異によって、格差を説明できない労働条件（手当等）が存在しないか確認する必要がある。

以　上

「労働契約法改正を理由に5年上限を設けて雇い止めをした場合に裁判を起こされたら勝てないので別の口実を考えなければなりません。そこで考え出したのが『早稲田ヴィジョン150』という創立150年を念頭に置いた大学全体の長期計画です。その考えに沿ったものだと位置づけたわけです。

（2012年）11月2日の学術院長会（学部長会）では、労働契約法改正を理由に5年上限について語っていたのに、非常勤講師からの問い合わせを想定した『問い合わせマニュアル』には、今回の制度変更の理由を聞かれた場合の答えとして『WASEDA VISION150において教育体系の再構築のために改革を進めていく一環として変更をいたしました』とすり替えられているのです。

私たちの組合に対する早稲田大学理事会からの回答が今年（2013年）4月26日に送られてきましたが、それによれば、昨年11月29日には、12月10日の早稲田ヴィジョン説明会の案内をおくり非常勤数名も参加したとのことです。

面白いのは、非常勤の契約を最長5年にするのは改正労働契約法対策ではなく、長期計画である『早稲田ヴィジョン150』に基づくとしたのに、当の早稲田ヴィジョン150が決定されたのは11月15日でした。後付けなのです。

さらに、非常勤講師の担当授業を専任より少なくすれば、給料が少なくてもきちんとした理由があるという理屈です。11月2日の文書は最重要で、改正労働契約法20条に規程されている不合理な差別の禁止をすり抜け、むしろ差別を固定化しようという目論みではないでしょうか」

◇早稲田大学の目的は格差の永続と身分制社会の固定化

いったい早稲田大学は何を目指しているのだろうか。松村比奈子委員長にも聞いてみた。

「非常勤講師を無期契約にすれば、大学にとっての〝無期リスク〟が発生すると彼らはおそれています。彼らの考える〝無期リスク〟とは何か。それは、労働契約法改正で非常勤講師を無期雇用に転換した場合、専任と非常勤との間のとんでもない差別と矛盾が露見してしまうということです。

一般に、5コマの教育研究で平均年収1000万円の専任教員（早稲田大学の場合は1500万円）と、同じ教育研究で年収150万円にしかならない非常勤講師。非常勤講師が無期契約になると専任の業務と比較しやすくなり、同じ無期契約の教員同士の間で信じられないような差があることを、当の講師や世間に対して、合理的に説明できなくなってしまいます。

そのような事態を防ぐために、現在の格差を永続させ身分制社会を固定化したいというのが、大学関係者の隠れた欲望ではないでしょうか」

早稲田大学が進めていのは、現世に妥協し身分制社会を久遠に維持しようということにならないだろうか。

幾つもの大学を掛け持ちしている非常勤講師たちは、授業だけでも大変だが、積極的に事態の打開を図ろうとした。先の新宿労働基準監督署への告訴もそうだし、大学当局との交渉はさらに続けられた。

5年で雇い止め、授業時間1週4コマ上限、クーリング制度（一時解雇）導入強行……とまさに三重苦を強いられる。しかも、7月からは大学内部で、個別に非常勤講師と来期以降の契約の話が始まっているのだから、5年先のことではなく、すでに多くの非常勤講師たちは渦中に巻き込まれているのだ。

たたみかけるような当局からの攻勢に対し首都圏組合は、各非常勤講師に対し、ビラやホームページで当面の対処の仕方を想定問答集のように伝えた。

▼専任教員　あなたは文学学術院で4コマ持っているので、当学術院の4コマは新しい

人に頼むことに決めたのだが……。
▼非常勤講師　待ってください。生活がかかっています。研究の継続のためにも、そちらのコマが減らされると困ります。昨年と同じだけ配当してください。
▼専任　就業規程に4コマ上限とあるでしょう。
▼非常勤　私は納得できません。就業規程の一方的な不利益変更は無効です。
▼専任　そう言われても当学術院の方針なので。
▼非常勤　それでは、今後この話は組合を通じて行うことにします。失礼します。

《けっして「分かりました」と言わないように。後で合意した、と大学側が主張してくる可能性があります。対応後、ただちに組合に連絡してください。組合は当事者と相談のうえ、理事会に対して組合員通告を行い、コマ減、雇い止め等の撤回を要求し、団体交渉を申し入れます。団体交渉の状況に応じ、救済申し立て等の必要な措置をとります》

このように具体的に対応し、一人ひとりを救う活動を組合が続ける一方で、大学側も次から次へと矢を放ってきた。5年でクビが第一の矢とするなら、第二の矢は6月7日の4コマ上限計画。そして7月3日に第三の矢が放たれた。それは、「クーリング期間」の認定に向けて大学側が動き始めたこと。具体的には、ある専任教員が法学部の英語科目の担当講師を集めた会合で「今後の授業計画に関するアンケート」と称し、5年で契約をうち切るが、6カ月の契約空白期間を設ければ再契約すると誘導し、「5年の限度について、どの学期においてカウントをリセットするための休職期間をお取りになりたいと思いますか」と、どの期間に空白をあけるかを申告させせようとしたのである。

前述したように、クーリングとはカタカナで書くと深刻さが薄れるが、一時解雇と変わりない。6カ月間クビにして、そのあとまた一から契約してあげますよ、ということだ。半年間の空白期間があれば、前の契約期間に加算されず、一から出直しのような形になる。これは、労働契約法改正時の労働基準局長通達（基発0810第2号）に違反する。その通達はつぎのような内容だ。

《……有期契約労働者にあらかじめ無期転換申込権を放棄させせることを認めることは、雇い止めによって雇用を失うことをおそれる労働者に対して、使用者が無期転換申込権の放棄を強要する状況を招きかねず、法第18条の趣旨を没却するものであり、こうした有期契約労働者の意思表示は、公序良俗に反し、無効と解されます》

このように早稲田大学が5年雇い止めに並々ならぬ執念を燃やす一方で、クーリングアンケートを打ち出した6日後の7月9日、早稲田大学とともに、一度は5年雇い止めに強い意欲を見せていた法政大学が、過半数代表選出選挙を行うと発表した。これは首都圏組合との団体交渉の場で明らかにされたもので、①立候補者の意思表明の手段の提供、②無記名投票での実施、③1週間の投票期間の確保、の三点を合意、適正な過半数代表選挙が実施される見通しとなった。

攻防戦が繰り広げられる中、7月22日第三ステージ＝第3回目の団体交渉が開かれた。この間、非常勤講師が続々と組合に加入する状況を考慮してか、大学側は、1週4コマ上限を撤回し、当面は6コマまで認める譲歩をした。これは、組合からの批判と要求に大学が応えた最初であり、きわめて重要な実績である。しかし、クーリングの明確な撤回については8月23日に行われたれ第4回の団体交渉に持ちこされ、ここにおいて始めて大学側は、法学部のクーリング期間アンケートを撤回し、組合に謝罪した。そして、意図的にクーリング期間を設定すること自体が脱法行為であることも認め、今後は行わないと約束したのである。

春から夏にかけての緊急かつ緊迫した応酬の中で、組合は明かな実績を残したといえるだろう。それを実現した背景には、渦中の早稲田大学の非常勤講師らが続々組合に加盟し交渉に臨んだ事実がある。
あと一歩で首都圏大学非常勤講師組合早稲田分会（早稲田ユニオン）の旗揚げだ。

第4章　偽装請負

◇1週4時限制限の撤廃要求中に重大事実が発覚

契約期間の上限を5年にする就業規程を制定するための過半数代表選挙が実は偽装だったという疑惑が発覚し、3000人以上の非常勤講師に衝撃を与えた。加えて、ただでさえ劣悪な条件をさらに悪化させる方針を大学側が示したことにより、地下に溜まったマグマは蓄積する一方で、いつ爆発するかわからない状況になってきた。

発覚した春から夏にかけて、大学側のもくろみに反対するため、首都圏大学非常勤講師組合（首都圏組合）を中心に非常勤講師らがめまぐるしく活動し、少しずつ身を守るための成果をあげている。たとえば第3章で述べたように、受け持ち授業時間数を1週4コマ上限という方針を撤回させ、当面は6コマ（その後さらに8コマに）までにすることに成功。さらに、クーリング（一時解雇）制度により、通算の契約年数が5年に達するのを防ぐ意図を挫折させるなど、わずかな期間で大きな成果を上げ始めていると言えるだろう。

しかしその一方で、混乱に拍車をかけるような「偽装請負疑惑」があらたに発覚した。それは、商学部の必修英語科目の授業を外部会社に委託するにあたっての運営方法に、偽装請負の疑いがあるということである。思いもよらぬ事実が明るみに出たのは、1週4コマ上限の撤回などが議題となっていた第3回団体交渉（2013年8月23日）の最中だった。偽装請負疑惑そのものを語るまえに、疑惑が浮上するまでの流れを志田昇首都圏組合書記長の言葉を借りて簡単に説明しておこう。

「一方的に定められた就業規程によると、非常勤講師の1週間の授業上限を4時限とされ、徹底させるために6月18日に文書を大学は出してきました。それによると、上限4時限を2018年までに達成することを目標とし、現在1週10時限（全学合計）を超える非常勤講師の授業を2013年中に10時限以下に減らそうとしているのです。

こうした流れのなかで、商学部で必修科目のビジネス英会話を教える非常勤講師の仕事がなくなるか、あるいは授業数が減らされることになり、これを撤回させようと団体交渉で質問したのです。

それに対する大学の回答は、授業時間の制限のためではなく、あくまでも『カリキュラムが変わるから』だということでした。ただ、授業時間を減らす政策によって『英語Ⅰビジネス英会話』担当の非常勤講師が仕事を失うとなると抵抗が大きいため、都合よくもってきたのがカリキュラム変更です。授業そのものがなくなってしまえば、非常勤講師が契約できないのは当たり前、というわけです」

しかし問題は、その「カリキュラム変更」の中身であり、ここから株式会社早稲田総研インターナショナルによる偽装請負の疑惑が湧き上がることになる。

大学経営サイドの立場で説明したのは、教務部長である大野高裕教授（理工学部・経営工学）だ。大野教務部長の説明によると、商学部では2010年から基本的なカリキュラムについて検討を始めており、その一環として必修科目の「英語Ⅰビジネス会話」を廃止して、代わりに「チュートリアル・イングリッシュ」という科目に移行するが、その授業をすべて株式会社早稲田総研インターナショナルに業務委託する。

チューターとは少人数クラスを教える個別指導教師のことで、アメリカの大学ではインストラクターの下位の大学講師を指すこともある。彼らによる英語授業を「チュートリアル・イングリッシュ」と称する。この授業は2002年から各学部のカリキュラムに組み込まれるようになったが、商学部にはこれまで導入されていなかった。

◇必修科目の授業を株式会社に丸投げ

それでは、商学部の必修科目である「チュートリアル・イングリッシュ」の内容と、授業を請け負う株式会社早稲田総研インターナショナル、そして早稲田大学との関係はどうっているのか。

授業を行うのは、株式会社早稲田総研インターナショナルが雇った外部講師（チューター）である。しかし、学生を評価する際の権限など、表向きは、早稲田大学の専任教員の名前が表記されている。しかも、専任教員は12人で410クラスを受け持つ、と早稲田大学は答えている。前期・後期・春季・夏季の4学期制なので、実質的には専任教員が3人で100クラスの授業を受け持つことになる計算だ。

26クラス学生900名からなる、現行の「英語Iビジネス会話」を教える非常勤講師は、クラスが減った分だけ仕事を失い、株式会社早稲田総研インターナショナルと契約をする外部講師が「チュートリアル・イングリッシュ」の教師になるという。ビジネス英会話の教師が異動してこの授業を担当することはない。

外部講師の公募では、最低時給が2900円。1コマを2時間として計算する早稲田大学の非常勤講師の契約と仮定すると、1コマ5800円という計算になり、「英語Iビジネス会話」担当の直接雇用の非常勤講師がおよそ1万2000円程度であることと比較すれば、大学としては人件費を大幅に減らすことができる。

必修科目の授業を外部の株式会社に全面委託することの是非はともかくとして、具体的な授業内容をもう少し見てみよう。大野教務部長は団体交渉の場でこう説明している。

「チュートリアル・イングリッシュは、ひとりの先生に対して4名の学生が英会話を中心に勉強する仕組み。これまでのビジネス英会話は26クラス900名の学生を指導しているわけですからクラス運営の仕方も違う」

早稲田大学内の「オープン教育センター」という部署が「チュートリアル・イングリッシュ」を設置。このオープン教育センターが株式会社早稲田総研インターナショナルに授業や講師の公募などを業務委託するシステムだ。

「外注とおっしゃるけれども、要は教育の中身、テキストから教え方から、全部それは専任教員グループがつくって、それを実際に実行しているのがチューターです」（大野教務部長）

これに対し志田書記長は、「これこそ指揮命令を大学専任教員がにぎることになり、業務委託では、チューターに本来は指示できない内容を契約して働かせている疑いがあると思います」と指摘する。派遣労働の場合、派遣労働者（チューター）は、事業者（早稲田大学）の指揮命令系統に入る。逆に請負の場合には、元請け側（早稲田大学）は、請負企業（早稲田総研インターナショナル）に仕事を委託しその対価を支払う。この場合、元請け側は委託先の労働者を自らの指揮命令系統に組み込めず、作業の具体的指示などを出すことができない。

さらに志田書記長は、「学生の成績や単位認定についても、授業が機能しているか専任教員がモニタリングして評価しているという旨を繰り返しています」と批判する。それだけではない。

当初、早稲田大学が主張していたように「テキストから教え方から、全部それは専任教員グループが作って」いるというのは正確ではなく、教科書は株式会社早稲田総研インターナショナルが作成していることが明らかになっている。同社が使用する教科書『Reach Out』シリーズは、チュートリアル・イングリッシュ担当教員の代表格である中野美知子氏（教育・総合科学学術院教授）の「監修」のもとに、制作されている。この『Reach Out』は市場にも流通しており、Ａｍａｚｏｎには、「出版社からのコメント」として次のように記載されている。

《早稲田大学教育・総合学術院 中野美知子教授（応用言語学博士）監修のもと、最新の言語教授法を取り入れながら、現場の経験に基づいて書きおろし。国際人として世界で通用するためのグローバルリテラシー（国際対話能力）教育に力を入れる早稲田大学で約３万人の学生が受講し、その約８割がＴＯＥＩＣのスコアを上昇させた人気の英会話講座「Tutorial English」で採用。Reach Out は、日本人学習者を知り尽くした、実践的な英会話テキストです》

ということは、具体的に教科書を編集・出版しているのは、株式会社早稲田総研インターナショナルになるのではないか。

しかしそれでは、早稲田大学が主張するように、指導・監督を受けずに、早稲田総研はいかにして一冊の語学教科書を作れるのだろうか。あるいは逆に、中野教授ら専任教員は、請負では禁じている指導・監督を行わずに、大学の求める水準を満たす教科書を監修することがいかにして可能なのか。実際問題として、非常勤講師の中には、大学や予備校の職員・講師として多くの語学教材の編集に携わる者も多い。

彼らの経験に基づいて語れば、語学教科書は、文法レベルや出題形式、会話等の場面に応じて例文を集めるところから始まり、全体の構成、回答・解説の執筆、さらには最終的な誤植のチェックに至るまで著者と編集者の間で日常的に詳細な打合せをしなければならない。

このような語学教科書編集の実際に照らし合わせてみると、株式会社早稲田総研インターナショナルが編集出版する教科書を監修するためには、執筆者、編集者との間で実地に打合せを行い、メールやファックス、文書などで頻繁に具体的かつ詳細な作業指示を与える必要があるだろう。しかし、「厚生労働省告示37号に関する質疑応答集」では、詳細な例を示し、口頭であるか文書・メールであるかを問わず、請負労働者に対して、具体的で詳細な作業指示を与えることを禁じている。

「チュートリアル・イングリッシュ」の内容については、授業内容・方法・実施計画・成績評価基準等は、①業務委託契約書、②業務仕様書、③評価ガイドラインなどで明確だ、と大学側は述べているが、肝心の①~③を一切開示していない。

事態を重く見た首都圏組合は、鎌田薫総長に対して9月30日に「緊急質問書」を提出したが、10月15日付の回答書で「これ以上、貴組合と当該議論をする必要はないと考えております」と大学側は答えている。それを受けた首都圏組合は10月23日、東京労働局長あてに「『偽装請負』(労働者派遣法違反ないし職業安定法違反)についての調査および是正勧告に関する申立書」を提出、あわせて公開質問状を発してインターネットでも訴えたため、各方面に知れ渡ることとなった。

◇請負会社の役員は、軒並み早稲田の専任教職員

自身が語学教育に長年携わってきた早稲田ユニオン代表（後の9月21日に正式発足）の大野英士代表が、団交の席でズバリと指摘した。

「チューターがテストをして、あるいはモニターですべての時間を専任教員が把握していないとおっしゃいましたよね。そうすると、語学はどれだけ喋れるかとか、どれだけ発音がいいなどは日常的に評価しなければできないですよね。

そうすると、テストをするところまでは株式会社早稲田総研インターナショナルのチューターがいるわけです。出てきた成績について、ハイ、ポン、ハイ、ポンと認定する人がいるという話です。

早稲田大学のオープン教育センターが管理しており、その指揮・指導のもとに株式会社早稲田総研インターナショナルが請け負っている。しかし、指揮命令系統は、完全に大学（オープン教育センター）が握っているわけですよね。これを、世間では偽装請負って言うんです」

「チュートリアル・イングリッシュ」は2002年に導入されて商学部以外では授業に採り入れているから、10年以上にわたり偽装請負の状態になっていた可能性がある。「チューリアル・イングリッシュ」を導入した当初は株式会社早稲田大学インターナショナル（2000年設立）に委託していた。

その後、早稲田大学は関連企業の吸収合併など再編を繰り返し、現在の委託先は2004年設立の株式会社早稲田総研インターナショナル。早稲田大学グループで株の大半を持つ。つまり早稲田大学の子会社である。株主構成は、早稲田大学ホールディングス株式会社、大日本印刷株式会社、株式会社東和エンジニアリング、パナソニック　システムネットワークス株式会社、株式会社三菱東洋UFJ銀行、株式会社三井住友銀行、となっている。同社の前身である株式会社早稲田大学インターナショナルの2007年3月時点のホームページには、「Ownership 所有権」の欄に、早稲田大学51％、松下電器産業46％、トーワ工学3％、と記載されていた。

現在の資本構成、資本比率について同社にたずねたが、「それは公表しておりませんので、お答えできません」と言う。「早稲田大学ホールディングスの出資比率だけでも教えていただけますか」と再度質問しても「一切、公表しておりませんので」という回答だった。大学は非常に公共性の高い組織であり、資本構成という基本的な事項でさえ教えないのは不自然ではないだろうか。なお、株式会社早稲田総研インターナショナル役員は次のとおりである。

代表取締役社長　天野紀明（早稲田大学総務部調査役）
常務取締役　森下幸雄
常務取締役　中尾幸久
取締役　山下浩一
取締役　大野高裕（早稲田大学教務部長）
取締役　井上文人（早稲田大学教務部事務部長）
取締役　黒田　学（早稲田大学教務部情報化推進担当事務部長）
取締役　足立心一（早稲田大学国際部事務部長）
取締役　中川清貴
取締役　髙橋伸光
監査役　鳥井幸雄（早稲田大学財務部長）
監査役　金子尚吾（早稲田大学財務部財務企画担当課長）
（2013年10月現在）

外部に業務委託したとはいえ、早稲田大学の専任教職員が出向しているか兼業しており、組合との交渉で「チュートリアル・イングリッシュ」について説明している大野高裕教務部長は、同社の取締役である。団体交渉などでの大学側の答弁にもあるように、早稲田大学の業務を行う専任教員らが外部講師に指揮命令等をしており、労働者派遣法違反、職業安定法違反の「偽装請負」である疑いは一層強まると組合側は認識している。

◇アウトソーシングで人件費3割減

英語教育を委託している株式会社早稲田総研インターナショナルには資本比率も答えてもらえなかったが、早稲田大学関連企業について説明している面白い資料を見つけた。内閣府官民競争入札等監理委員会事務局の「国立大学法人分科会第2回議事録」（２００８年10月20日開催）である。学内で騒動が進行中の２０１３年より5年前の時点の情報だが、早稲田大学が考える外部への業務委託（アウトソーシング）と関連会社の関係がわかるので引用しよう。この会議で20分あまり説明したのは、早稲田大学財務担当常任理事の小林栄一郎氏（当時・あさひ銀行副頭取、ＡＩＧスター生命保険顧問などを歴任）。

「早稲田大学傘下会社は、主にアウトソーシングをするためにこしらえた、言ってみれば大学の子会社であります」という位置づけで話は進む。2008年当時は累積赤字が680億円で、この状況を脱するための施策としてのアウトソーシングだという。以下は小林・財務担当常任理事の発言である。

《アウトソーシングの一番の根源になるわけですけれども、専任職員を削減しようということで、この間、156名を削減いたしました。この削減をどういうふうにしたかというと、これは後で申しあげますが、早稲田大学グループホールディングス、「WGホールディングス」と我々は言っておりますが、この持ち株会社をつくりまして、その持ち株会社の下に業種別というか、仕事別に5社ほど、その分類をして、そこへ仕事を出す。そして、ここに人を雇うという形にいたしまして、原則このグループホールディングスの下に属する5社の人件費は大学職員の人件費の7割でやっております》

人件費3割カットを誇らしげに報告している。それでは、本書で問題視している早稲田総研インターナショナル（筆者注：記録では早稲田「大学」総研インターナショナルと記載されている）については、小林財務担当常任理事は次のように述べている。

《ここのやっている仕事は、一つはeラーニングというのがございます。これは24時間、早稲田大学の一つの特色で、今は他の大学でもやっておりますけれども、インターネットを通じた24時間授業が受けられると。これは世界中に発信しておりますけれど、このeラーニングはここでやらせております。

それともう一つは、いわゆるチュートリアル・イングリッシュ。これも早稲田大学の特色になっておりますが、今、早稲田の学生は入ってきますと、4人に1人、いわゆるネイティブの先生を付けまして、チュートリアル・イングリッシュをやらせております。だいたい、TOEFL（非英語圏出身者が英語圏の高等教育機関に入学する際の英語力判定テスト）の550点は取れるように、2年間ですけれども、これは先生を雇ってやりますと、1人8万円かかるのです。それで先生を大学で雇うと大変なことになってしまいますから、生徒がどんどん増えていきますと、（先生を）大学が雇うと大変なことになりますから、ここの会社で雇わせております。

けっこう早稲田大学という名前があるものですから、いい先生が集まるのです。ここで何か商売をするというか、先生をすると、ほかに何か就職口がかなりいいところが出てくるとか、そういうことがあるようでありまして、現在は学部によってはこれを必須（必修か？）にしております。

それから、選択にしている学部もございます。1人8万円かかるうち、4万円は生徒から徴収しまして、あとの4万円については大学が負担をするという形にしております。約4万人の学部学生のうち、約6割の学生が今、これを受けています。それをやっているのはインターナショナルという会社でございます》

この説明だけでも、外部委託（アウトソーシング）は、大学の出費を減らす目的のために行われていることがわかるだろう。

実は、大学が外部に語学授業を丸投げし、その方法が偽装請負として問題になり撤回した例が過去にある。神戸松蔭女子学院大学で語学の授業をＥＣＣ（英会話学校や予備校、資格取得学校などを運営）などに丸投げしていたケースである。偽装請負の語学学校講師を優先的に雇用したために、神戸松蔭女子学院大学で働いていた外国人講師が授業のコマを失い、大阪の教育合同労組が兵庫労働局に調査を依頼した事件だ。マスコミで大きく報道されたため、労働局の調査結果が出る前に２００７年、大学は自主的に語学授業を外部の語学学校に委託することを止めている。

ここで大切なことがある。２０１３年４月から商学部にも必修科目として導入される「チュートリアル・イングリッシュ」は、必修にもかかわらず授業料のほかに４万３千円を徴収するというのだ。早稲田大学オープン教育センターの科目登録、チュートリアル・イングリッシュ科目登録ガイドというネット上の案内の3ページには、「チュートリアル・イングリッシュを必修科目として指定する学部の方が必修科目として履修する場合は、実験実習料の納入は必要ありません（法学部・外国語B英語選択者を除く）」と書かれている。つまり、原則として必修科目の場合は実験実習料（聴講料）を払わなくていいことになっている。例外は「法学部・外国語B英語選択者」だが、これは一種のオプションと見なされ、必修になっている人全員から聴講料を追加徴収する学部はない。

大学当局は、基本的な学費の上に、「実験実習料」として上乗せさせ、その旨が学費明細書として入学時に示されているとのことである。また、学部創設時から「チュートリアル・イングリッシュ」が必修化されている国際教養学部などと同じ扱いになるので、商学部のみが特殊な扱いになるわけではないと説明している。

早稲田大学はそれなりの説明はしているものの、必修授業しかもこれまで学費の中で賄われていた語学授業に追加料金を徴収するようになったことには変わりはない。

◇大学設置基準との矛盾はないか

これまで指摘したのは労働問題からの視点だが、大学は研究教育機関だから、教育行政の視点からも検証する必要がある。
大学と企業が請負契約を締結し、企業に雇用されている者が「外部講師」として大学で授業を行う構想が散見されることについて文部科学省は、「大学において請負契約等に基づいて授業を行うことについて」という通知を平成18（2006）年11月に出している（大振8）。その一部を引用する。

〔留意点〕
〈大学教員の位置付け〉
＊学校が責任をもって教育を実施するには、実際に教育にあたる教員について、人事権、懲戒・分限権、指揮・監督権を学校が有することが必要であり、そのためには、教員は当該学校に直接に雇用される者であることが一般的である。
〈請負契約の性質〉
＊請負契約の性質上、大学から当該外部講師に対して指揮命令をすることはできないことに留意することが必要。
＊請負契約の性質上、事前に大学側が企業に対して個別的・具体的に希望する外部講

師を指定することは不可能であることに留意することが必要。

現在早稲田大学が進めている英語授業の外部委託は、「テキストから教え方から、全部それは専任教員グループがつくって、それを実際に実行しているのがチューターです」（大野教務部長・8月23日団体交渉での発言）と、右記の文科省の通達とは違っている。さらに、「大学設置基準等の一部を改正する省令等の施行について（通知）」文科省通達（19文科高第281号）に照らし合わせても疑問が生じるのだ。

この通知では、「授業科目の開設に関する事項」で1から4の条件をあげている。

1、授業の内容、方法、実施計画、成績評価基準及び当該教育施設等との役割分担等の必要な事項を協定書に定めている。

2、大学の授業担当教員の各授業時間ごとの指導計画の下に実施されている。

3、大学の授業担当教員が当該授業の実施状況を十分に把握している。

4、大学の授業担当教員による成績評価が行われる。

など、当該大学が主体性と責任を持って、当該大学の授業として適切に位置付けて行われることが必要であることに留意すること。

これらの条件によれば、外部講師の役割は、授業を行う教員を補助する役割に限定されると解釈できなくもない。

つまり、どのような手法をとっても矛盾に突き当たる。第一に、文部省通知のように大学側が主導権をもって外部授業を管理するとなると、業務委託契約という形にはならない。反対に、業務委託された株式会社早稲田総研インターナショナルが自社内で授業に関する一連のものを管理するとなれば、大学の指揮監督をもとめた文部省通知に反してしまう。どちらにしろ、大学の授業を外部に委託するのは、そもそも様々な問題を生じるのだ。

なお、組合側の緊急質問書に対して大学は２０１３年10月15日に回答書を出している。

《本学の２０１３年９月26日付け「前回団体交渉における質問事項等への回答について」および前回団体交渉（第５回９月26日実施）で繰り返し説明したとおり、チュートリアルイングリッシュは学校教育法に適合し、かつ偽装請負にあたるものではありません。

貴組合は、前回団交時に、チュートリアルイングリッシュに学校教育法違反や派遣法違反（偽装請負）があるとする組合主張の根拠を質されても、前記「大学において請負契約に基づいて授業を行うことについて」（平成18年１月大振８）の存在を指摘するだけで、何らその根拠となる具体的事実を明らかにしませんでした。

よって、本学としては、これ以上、貴組合と当該議論をする必要はないと考えておりますが、以下に、念のため、重ねて回答します。

まず、チュートリアルイングリッシュの授業内容、方法、実施計画、成績評価基準等は、業務委託契約書、業務仕様書、評価ガイドラインなどで明確化されており、その内容は、シラバス（筆者注：講義や授業の計画書）や履修ガイドで学生にも周知されています。なお、チュートリアルイングリッシュの科目総数は4学期で410科目クラス、受講生総数は春学期・夏期集中でのべ3385名、本学の担当教員は4学期でのべ12名になります。

なお、秋学期・春季集中の受講生数は現在科目登録で集計中です。

また、本学授業担当教員の各授業時間ごとの指導計画は、業務仕様書およびシラバスとして策定され、これに従って委託先で授業が実施されています。

さらに、本学授業担当教員は、学生の出席状況、習熟度測定、履修者アンケート内容等によって当該授業の実施状況を充分に把握しており、委託先から提供されるこれらの情報に基づき、成績評価を行っています》

ぜひとも、この「実施計画、成績評価基準等」を明確化した「業務委託契約書、業務仕様書、評価ガイドライン」を公表していただきたい。そうすれば、事実がいっそう明らかになるだろう。

◇反撃は燎原の火の如く

5年雇い止め強行に始まる一連の早稲田大学問題は、急展開を告げている。刑事告発、刑事告訴、4コマ上限撤回、クーリング（一時解雇）に関するアンケート撤回……と組合側が次々と成果を上げ始め、今度は偽装請負疑惑を追及するまでに事態は進んでいる。その背景には、首都圏大学非常勤講師組合とその分会である早稲田ユニオンの存在がある。

5年雇い止めの就業規程が強行導入された直後の2013年4月6日、大学に近い東京・高田馬場の「喫茶室ルノアール」に6人の非常勤講師が集まった。仕事や生活の現状、今後の展望などについて語る中で、首都圏組合の志田昇書記長が今後の道筋について述べた。

「非常勤講師を100人集め、早稲田ユニオンを正式に旗揚げしたい」

「土佐勤王党のようなものですね」

志田書記長の言葉を聞いて筆者は条件反射のようにつぶやいた。後に早稲田ユニオン代表に選ばれる大野英士氏もすかさず言った。

「まったくその通り。下士（下級武士）に対する差別とそっくりです。専任と非常勤の授業内容に大きな違いはない。逆に非常勤のほうが優れている場合もあります。収入が低いからといって、学生相手の授業の手を抜くわけには行きません。格差というより身分差別だと思います」

もともと土佐を支配していたのは長宗我部氏だったが、関ヶ原の戦いで長宗我部氏が敗れ、代わりに山内一豊が入国して土佐の領主となった。もともといた武士は下級武士とされ、外から入ってきた山内氏の家臣が上級武士（上士）となって君臨したのだ。外から入ってきた勢力が支配者となり、もともとの住民を被支配者になるという意味では、まさに土佐はパレスチナやチェチェンであったわけだ。

理不尽な差別で〝名ばかり武士〟にされていた土佐藩の下士が結成したのが土佐勤王党であり、上級武士も参加した。そして日本全国で下士の反乱が拡大し、明治維新の原動力となったのは周知のとおりである。早稲田ユニオンが下級武士の決起となるか、あるいは第1章で触れたフランス革命前の第三身分の蜂起となるか。ともかく、10人で始めた非常勤講師らの動きは日に日に活発になり、人が集まり始めたのである。

松村比奈子委員長と佐藤昭夫名誉教授が東京地検に刑事告発した翌4月9日、３０００

枚のビラを学内にまき、行動を開始、あらたな段階にさしかかった。

２０１３年

4月27日　第１回の説明会を学内で開催。約60名参加。

5月末日　新規組合加入30名。

6月6日　第２回団体交渉開催。

6月21日　早稲田大学非常勤講師15名が新宿労基署に集団刑事告訴。

6月30日　第１回外国人講師向け説明会、加入４名。

7月20日　第３回早稲田ユニオン結成準備会で９月21日を結成総会と決定。

7月22日　第３回団体交渉開催。４コマ上限撤回成功、上限は当面６コマに。法学部のクーリングアンケートは「不適切」だったと大学側が認める。

7月末　早稲田ユニオン準備会メンバー80名達成。同じ頃、２０１４年度のコマ減で組合員５名と団体交渉申し入れ。

8月22日　第４回団体交渉開催。クーリングを想定したアンケートを今後実施しないと大学側確約。偽装請負疑惑が発覚。

9月21日、早稲田大学構内において、早稲田ユニオン結成総会が開催され１００人以上が集まった。わずか４～５カ月前に10人未満だったメンバーが１０２名に達した。その後、偽装請負疑惑で労働局に調査申立書を提出した10月23日は、組合員117名を数えるに至り、年末には120名を超えた。12月3日に、第7回団体交渉開催。理事会は上限8コマまで譲歩。これで、当初232人いたコマ減の対象者は21人にまで減った。

こうして振り返ると、深山の湧き水が少しずつ集まって流量を増し、里山近辺を潤し、いよいよ平野部に達するという感がある。大海へ向けて進みながら大河になるか否かは、どれだけ現実の問題を解決できるかにかかっている。

第5章　黒い巨塔　大阪大学

早稲田大学が告訴・告発されたことも影響し、5年雇い止めを導入しようとしていた多くの大学が断念し様子をうかがっている中で、神戸大学と大阪大学が5年雇い止めを強行しようとしている。大阪大学では、2012年11月27日付で「有期雇用ルールの見直しについて（お知らせ）」と題する文書を学内の構成員に出し、問題が噴出した。そこには次のように明記されていたからである。

《最長雇用可能年数　5年以内とする。ただし、教育・研究の遂行上やむを得ないと大学が特に必要と認めた場合に限り、5年を超えて雇用することがあるものとする》

これに対し、関西圏大学非常勤講師組合（以下、関西圏組合）が団体交渉を要求して紛争が始まった。早稲田大学は、最長雇用可能年数を5年とする就業規程を強行するため過半数代表選挙を偽装したと刑事告発・告訴されたことで世間の注目を浴びることになってしまったが、大阪大学は、非常勤講師を含む有期雇用教職員を5年で雇い止めできる理由づけが、非常にユニークでオリジナリティにあふれているといえよう。それは後述するとして、ここでも就業規則を改正するための、労基法90条にもとづく過半数代表選出による意見聴取に不備があったのである。大学が意見聴取を行なったのは、専任扱いの労働者を母数とする過半数代表者であり、非常勤講師らを含む事業場の労働者の過半数ではなかった。最初から非常勤はほとんど除外されていたのである。

労基法90条に定められた過半数代表選出をしていないとして2013年9月25日、関西圏組合の新屋敷健委員長が、大阪大学の平野俊夫総長と梶山真之介人事担当理事を大阪地方検察庁に刑事告訴する事態に発展したのだ。山崎豊子作『白い巨塔』は大阪大学医学部をモデルにしたともいわれるが、非常勤講師らを悪条件で使うという意味では『黒い巨塔』と呼んだ方がいいかもしれない。いったい大阪大学では何が起こったか。以下、新屋敷健委員長のインタビューを中心に伝える。

◇年収150万円のワーキングプアー

新屋敷健氏をインタビューしたのは2013年4月9日、ジュネーブの国連社会権委員会に行き、非常勤講師など高等教育機関で働く者の実態、すなわち今回の契約期間最長5年で雇い止めなどの問題を文書化し、担当者に手渡す準備をしている最中だった。まずは、新屋敷氏の日常の仕事や生活を語ってもらうことから始め、問題の核心に迫る。

「私は大阪外国語大学で英語を教えていましたが、2007年に大阪大学と統合されたため、現在は同大の外国語学部になっています。

阪大で2コマ、ほかの大学で2コマ教えていまして、合計4コマ。他の人に比べてコマ数は少ないです。20コマ入れて、体を壊した人もいます。専任でも阪大は12コマ（早稲田大学は5コマが普通）担当している人もいるので、けっこうきついと思います。

阪大の非常勤講師の報酬は、一律1時間あたり6685円。1コマ（1授業）90分ですが、準備などもあるので1コマ2時間として計算し、1コマ1万3370円ですね」

1時間あたり6685円と聞けば、一見時給が高いように思えるが、第2章で非常勤講師の労働実態と生活実態を紹介したように、1回の授業のために4時間、5時間かかることも珍しくなく、試験問題作成や採点、成績評価なども仕事に含まれるので、きわめて低い報酬と言わざるをえない。

「それでも関西では大阪大学の報酬は一番高く、1時間5000円台のところもあり、経験年数によりランク分けされる大学もあります。私立大学は月額制ですが、国公立大学は回数制なので、前の月に実施した授業回数によって報酬が決まり、次の月に支払われる方式です。たとえば阪大は、9月には授業がないので、10月にはまったく支払いがないことになります。私立はもともと回数制だったので、年間総額を12等分して月額でならしたみたいです。

年間30週ですから、6685円×2時間×30週で、1コマあたりの年間報酬が決まります。私などは4コマですから、年収は150万円でワーキングプアーです。非常勤職員の人たちはもっとひどくて、交通費込で支払われているとのことで、年収150万円以下の人が多いといいます」

どれだけの非常勤講師がいるのだろうか。大阪大学と大阪外国語大学が統合される前年2006年の大阪大学非常勤講師は約900人、現在の外国語学部（旧大阪外国語大）が2400人弱だから、現在は1100～1200人の非常勤講師を抱えていると推定できる。

「阪大、神戸大、早稲田の三大学だけで1万人の有期雇用教職員がおり、全国規模でいえば膨大です。非常勤講師は延べ数で8万人と言われており、これに非常勤職員を入れたら、相当な人が5年後は雇い止めになってしまいます。

改正労働契約法は、雇い止めの不安解消のために改正した法律なんですけどね」

◇労働者ではないが労働者とみなされることもある……

ここで改めて今回の騒ぎの発端となった労働契約法改正のポイントを確認しておく。

①有期労働契約が繰り返し更新されて通算5年を超えたときは、労働者の申し込みにより、期間の定めのない労働契約（無期労働契約）にできる。

②無期労働契約の労働条件（職務・勤務地・賃金・労働時間など）は、別段の定めがない限り、直前の有期労働契約と同一となる。

平たく言うと、期間の定めのない無期契約には転換できるが、労働条件はそれ以前と同じでいい、というわけである。したがって雇用する側の人件費その他の負担が増えるというわけではない。

「そもそも大学非常勤講師は毎年契約を繰り返してはいるものの、10年20年と続けて教えている人も多く、実質的に無期契約に近い。ですから、労働契約法が改正されたとはいっても、本来今までと変わらないはずなのです。カリキュラムが変わり授業がなくなれば非常勤講師を雇う必要もないわけで、それも今までと変わらないと思います」

それなのになぜ、大阪大学や早稲田大学は5年雇い止めにこだわるのだろうか。その本質は、第3章で首都圏大学非常勤講師組合の松村比奈子委員長が述べたように「大学の無期リスク」回避である。すなわち、労働契約法改正により非常勤講師を無期雇用に転じた場合、専任と非常勤との間のとんでもない差別の矛盾が露見してしまう。非常勤講師の無期雇用化により、専任と非常勤の身分が近くなる。そうなると、なぜコマあたりの報酬の格差が10倍近く（早稲田大学の場合）もあるのかを、当事者はもちろん、世間が納得する説明が不可能になるからだ。「5コマの教育研究で1000万円（一般的な数字）の専任教員と、同じ研究で150万円にしかならない非常勤講師。この格差を永続させ、身分制社会を固定化するというのが大学関係者の隠れた願望ではないでしょうか」（松村比奈子氏）という意見は、大学側の言動を見る限り妥当と言えるだろう。

さて、大阪大学はどのようにして5年雇い止めの就業規則を強行させたのか。新屋敷委員長に、これまでのプロセスを語ってもらった。

「具体的に知ったのは、去年（2012年）の10月頃。阪大の内部書類を専任の教員から見せてもらい、国立大学協会から改正労働契約法に関するマニュアルのようなものが国立大に回っており、どこの大学でも5年上限の雇い止めを検討している事実がわかりました。阪大から5年上限だと非常勤講師に知らされたのは、2012年11月27日付『有期雇用ルールの見直しについて（お知らせ）』と題した文書です。

これは新たに制定する就業規則であり、その第3条に『原則として前条の各就業規則（その他大学が特に指定するものを含む）の適用等を通算して5年を超えることはできないものとする』と5年で雇い止めを明確にしました。

そのため、首都圏大学非常勤講師組合とともに文書が出された翌日の11月28日に厚生労働省に陳情しました。厚労省は『法律で禁じてはいないが5年上限は好ましくない。それと1年更新の期待権は（改正法が施行される）2013年の4月1日以降もある』という趣旨を話していました。こうした厚労省の見解も踏まえて、労使交渉に臨んでいます。

しかしその後、大学による学内説明会など一切なし。ここから大阪大学のオリジナリティあふれる法律のグレーゾーンの解釈が始まります。就業規則で5年上限を決めているにも関わらず、大阪大学は『非常勤講師だけは準委任契約であって労働契約ではない』ということを団体交渉の席上で一貫して主張しているのです。労働者でなかったら、5年上限は関係ないでしょ、という話なのですが、そこがすごいところで、『改正労働契約法18条でいう労働者だと非常勤講師が解釈される可能性が完全には否定できないので5年上限にする』という言い方なんですね」

大阪大学によれば、準委任契約による委嘱契約だから非常勤講師は労働者ではないけれど、労働者と解釈される可能性はゼロではないから労働者として契約の5年上限を適用するのは正当ということになる。つまり、ある時は労働者、ある時には労働者ではない、と使用者が勝手に判断できるということであり、「すべて俺たちが解釈して決定する」と言っているに等しい。別の表現をすると、憲法の条文は変わらないが解釈を変えて憲法違反の政策を実行する政府の考え方に近いだろう。

要は、準委任契約を結ぶ人は労働者ではないから、労基法などは適用されない、と大阪大学は一貫して主張してきたのに、改正労働契約法18条によって非常勤講師が労働者と解釈される可能性が完全に否定できないので、その場合は労働者として法が適用でき5年上限も可能だ、という考えである。新屋敷氏が続ける。

「非常勤講師が準委任契約だと主張しているのに、非常勤講師の報酬は給料として支払われており、毎年の源泉徴収も出ています。雇用主から従業員に定期的に支払われるものが『給与』です。なぜ『給与』をもらっているかというと、2004年の大学法人化のときに『法人化後における非常勤講師の給与について』という文部科学省からの通達がありまして、法人化以降、非常勤講師はパートタイム労働法が適用されるので、給与に関して適切に対応してください、という内容です」

つまり、非常勤講師は労働者だと見なされているわけだ。

「非常勤講師は変則的な働き方をしており、その事情をわかっていないと地元の労基署も労働者性が薄いと判断しがちではないでしょうか。文科省もあいまいで、労働契約もあり業務委託契約もあり、と法人化の際に言っていました。しかし非常勤講師は、普通の先生と同じことをしているわけですし、単位認定の役割もあります。大学の指揮命令系統に入らないと単位認定はできません。だから労働者性はある。この点について文科省は把握しています」

大学法人化直前の2004年3月15日に文部科学省から出された「法人化後における非常勤講師の給与について（通知）」では、つぎのように指摘されている。

《非常勤講師については、法人化後「短時間労働者の雇用管理の改善等に関する法律」（いわゆる「パートタイム労働法」）の適用を受けることになりますので、法人化後における非常勤講師の給与については、労働基準法及び短時間労 働者の雇用管理の改善等に関する法律等の規程に則り、また、非常勤講師の給与に関する現行の取り扱 い及び最近の動向を十分に踏まえ、適切に対応願います》

この通知のうち「パートタイム労働法」に絡んで、「事業主が講ずべき短時間労働者の雇用管理の改善等のための措置に関する指針（抄）」（平成5年12月1日労働省告示第118

号）がある。そのポイントは、以下のとおり。

《事業主は、短時間労働者について、労働基準法（昭和22年法律第49号）、最低賃金法（昭和34年法律第１３７号）、労働安全衛生法（昭和47年法律第57号）、労働者災害補償保険法（昭和22年法律第 50号）、雇用の分野における男女の均等な機会及び待遇の確保等に関する法律（昭和47年法律第１１３号）、育児休業、介筆休業等育児又は家族介護を行う労働者の福祉に関する法律（平成３年法律第76号）、雇用保険法（昭和49年法律 第１１６号）等の労働者保護法令を遵守するとともに、その就業の実態、通常の労働者との均衡等を考慮して処遇するべきである》

このように、非常勤講師の給与の扱いはかなり明確なものなのである。再び新屋敷氏の言。

「『準委任契約なんだけれども労働契約法18条の労働者として解釈される可能性を完全に否定できないから5年上限にする』と言っているのは、たぶん阪大だけだと思います。労基法も都合のいいところだけ直接適用して、都合の悪いところは適用しません。従来は、有給休暇に関しては年間日数で週２日出講している人には、労基法で定める有休に準ずる休暇を与える、となっています。労基法を直接適用しているのではなく、ある部分だけ準じているのはおかしいのでは、と大阪労働局に聞いてみると、『適用するなら全部適用される』という回答を得ています。

この就業規則ですけれど、はっきりいって労基法90条違反です。就業規則を変えたり新しく制定するときには、労基法90条の定めによって、労働者の過半数を代表する者の意見書を付けなければいけないわけですが、実行していません。

それでは、非常勤講師以外の有期雇用職員はどうでしょうか。あらたな就業規則第2条の1〜6まで、この就業規則が適用される教職員が指定されていますが、こうした有期雇用職員たちの意見を聞いていないのです。外国語学部のある箕面《みのお》キャンパスでは、非常勤職員の方から委任状をとっているそうですが、それ以外の人たちはほとんど何も大学から意見を聞かれていません。ですから、この就業規則が適用される有期雇用労働者の意見はほとんど反映されていない。したがって、労基法90条違反の犯罪です。

しかも、大切なことを意図的に伝えなかった事実もあります。非常勤講師にも適用された新たな就業規則では、第3条で5年上限を明記しているのに加え、非常勤講師にその就業規則を適用することを定めた別の要項に例外規程が設けられている。第3条の5に『その他　特に部局長より申し出があった場合、5年を超えて契約することができる』とされ

●国立大学法人大阪大学有期雇用教職員の契約期間等に関する規程（抜粋）

（有期雇用教職員）

第2条　この規程において、有期雇用教職員とは、次の各号に掲げるいずれかの就業規則が適用される者をいう。

（１）国立大学法人大阪大学任期付教職員就業規則

（２）国立大学法人大阪大学任期付嘱託職員等就業規則

（３）国立大学法人大阪大学非常勤職員（定時勤務職員）就業規則

（４）国立大学法人大阪大学非常勤職員（短時間勤務職員）就業規則

（５）国立大学法人大阪大学非常勤職員（定時教育研究等職員）就業規則

（６）国立大学法人大阪大学非常勤職員（短時間教育研究等職員）就業規則

（契約期間等）

第3条　契約期間等については、前条の各就業規則の定めによるものとする。ただし、前条の各就業規則において契約可能な期間内であっても、原則として前条の各就業規則（その他大学が特に指定するものを含む。）の適用を受ける期間等を通算して５年を超えることはできないものとする。

附　則

この規程は、平成２５年４月１日から施行する。

非常勤講師に渡された就業規則等の抜粋。部局長より申し出があった場合、５年を超えて契約することもできる旨が抜けている。

ているのです。ところが、非常勤講師に郵送された就業規則等の抜粋には、なんとこの要項の第3条5の例外規程が省略されています。学内WEBにも非常にわかりにくいところに載っていて、そこには全文が掲載されています。

共産党の田村智子参議院議員が２０１３年2月21日の予算委員会で質問し、文部科学大臣が『研究教育上の必要性があり、かつ能力のある人が一律に契約終了させられることがないよう適切な対応を各大学にうながしていきたい』と言っておられたので、その一週間後の2月28日の団体交渉で、文科相の発言を大学側に確認しました。すると大学は、その要項の第3条の5が『研究教育上の必要性』に当たると言い逃れし、『研究教育上必要があり能力がある人でも5年で雇い止め』とは、国会質問のあとでは言えませんでした。でも、配布した文書から例外規程を省いて知らせないのですから、本音は例外適用したくない、できれば全員5年で解雇したいということでしょう」

◇労働契約法10条違反を見越したアリバイ文書

「もうひとつ改正労働契約法第10条違反の問題があります。非常勤講師は契約更新に上限がなかったのに、いきなり5年上限とするということですから、一方的不利益変更です。

改正労働契約法９条が、就業規則の変更による不利益変更を禁じているのです」

（就業規則による労働契約の内容の変更）

＊第９条　使用者は、労働者と合意することなく、就業規則を変更することにより、労働者の不利益に労働契約の内容である労働条件を変更することはできない。ただし、次条の場合は、この限りでない。

＊第10条　使用者が就業規則の変更により労働条件を変更する場合において、変更後の就業規則を労働者に周知させ、かつ、就業規則の変更が、労働者の受ける不利益の程度、労働条件の変更の必要性、変更後の就業規則の内容の相当性、労働組合等との交渉の状況その他の就業規則の変更に係る事情に照らして合理的なものであるときは、労働契約の内容である労働条件は、当該変更後の就業規則に定めるところによるものとする。ただし、労働契約において、労働者及び使用者が就業規則の変更によっては変更されない労働条件として合意していた部分については、第十二条に該当する場合を除き、この限りでない。

「10条がその例外規程で、そのひとつに労働組合との交渉も入っています。（大阪大学は）

国立大学法人大阪大学有期雇用教職員の契約期間等に関する要項

（目的）
第１条　この要項は、国立大学法人大阪大学有期雇用教職員の契約期間等に関する規程（以下「規程」という。）第４条に基づき、必要な事項を定めることを目的とする。

第２条　規程第３条にいう、「大学が特に指定するもの」とは、次の各号に掲げる規程等をいう。
（１）国立大学法人大阪大学非常勤講師の委嘱等に関する規程
（２）国立大学法人大阪大学ティーチング・アシスタントの受入れに関する規程
（３）国立大学法人大阪大学リサーチ・アシスタントの受入れに関する規程
（４）国立大学法人大阪大学アルバイト雇用に関する要項

第３条　規程第２条第１号、第５号及び第６号に掲げる各就業規則の第２条第２項ただし書に定める「大学が特に必要と認めた場合」とは、次の各号のいずれかに該当し、財政上支障がないと認められ、５年を超えて雇用することがやむを得ないと人事労務担当理事が承認した場合をいう。ただし、第２号及び第３号にあっては、規程第２条第１号に掲げる就業規則の適用を受ける教員又は研究員に限るものとする。
（１）国立大学法人大阪大学における教員の任期に関する規程に基づき任期を付されており、同規程により５年を超えて雇用することが可能とされている場合
（２）特定のプロジェクトにおいて業務に従事するために雇用されており、当該プロジェクト期間が当初から５年を超えることとされている場合
（３）寄附講座・寄附研究部門、共同研究講座・共同研究部門又は協働研究所が延長のため５年を超えて存続することとなり、当該講座等の業務に引き続き従事するために雇用されている場合
（４）診療業務に携わる職（医員（医師）、医員（歯科医師）、医員（専攻医）又は医員（専修歯科医）のいずれかに限る。）として雇用されており、附属病院の経営上、５年を超えて雇用する必要がある場合
（５）その他（特に部局長より申出があった場合）

「要項」とされた文書には、その第３条５に部局長より申し出があった場合、５年を超える契約も可能だと書いてある。

訴訟を見越して、訴えられたときにこれだけ労働組合と交渉してますよ、と証拠資料を残すために、これまで交渉経緯を事細かに文書で示しているのです」

新屋敷氏が指摘した文書とは、２０１３年1月29日付で発信された「本学における『有期雇用ルールの見直し』について」。大阪大学総務企画部長から関西圏組合の新屋敷健委員長と首都圏組合の松村比奈子委員長あてに発信されたものだ。Ａ４版８ページだが、「平成14年12月３日　組合側申入書の提出」「大学が受領したのは５日」「平成24年12月7日……上記申込書に関する団体交渉に係わる日程案を関西圏大学非常勤講師組合宛てに提示した」……と事細かに組合との交渉の概要を書き、とりわけプロセスを強調した文書である。

ちなみにこの文書では、「準委任契約たる委嘱契約として（非常勤講師と）契約し」、しかし「労働契約法18条の適用を受ける可能性を完全に否定できないということも考慮し」と、新屋敷氏が「グレーゾーン解釈」と指摘しているフレーズが、８ページの中に4回も出てくる。

◇2005年は外国語学部で過半数代表選実施

「非正規の労働者を含めてきちんと過半数代表選挙をしているのは、私が知っている限り、立命館大学だけです。前の学長が専任の一時金などをカットすると言いだして、専任組合が抗議するなどの経緯があり、非常勤とも一緒にやっていく、という方向になったそうです」

大阪大学に関しては、実は2004年に国立大学法人という法人格をもたされたとき、そして2007年に大阪大学と旧大阪外国語大学が統合されたころにさかのぼると、大阪大学の特徴が見えてくる。そして、これまで状況を説明してくれた新屋敷健氏は、旧大阪外国語大学で非常勤講師を務めていたので、当時のようすを解説していただく。

「大阪外国語大学では一度だけ過半数代表選で非常勤を入れようとしたことがあります。統合される前に旧大阪外国語大学で私が働いていたときのことです。

法人化直前の2004年3月、学内説明会に出ました。過半数代表選挙に関して『労働者の母数に非常勤講師も入るんじゃないですか』と私が発言すると、大学があわてだして、どうしたら非常勤講師を母数に入れないで済むかを考えだしました。04年4月1日付で法人に雇用されている人は労働者だから非常勤講師も含まれてしまう。そこでこの日付をはずし、たとえば4月12日付で法人の雇用にするなどと試みたのです。

最終的に学長が謝罪して撤回され、非常勤講師も4月1日付で労働者になったわけです。2005年の過半数代表を決めるときに専任組合が、専任組合の委員長を過半数代表にしたいと言い、非常勤講師から委任状を集めようとしたのです。不信任の場合は不信任投票をしてほしいと非常勤講師のメールボックスに配布しました。こうして、少なくも大阪大学箕面キャンパス（外国語学部・旧大阪外国語大学）では、05年だけは過半数代表選は行なわれたのです。

なぜ多くの大学で労基法90条違反してまで実施しないかというと、非常勤講師を入れると、専任より人数で勝る非常勤の意見が反映されてしまうから、排除するのです」

◇外国語学部4年で24％非常勤講師経費削減

「このような経過があり、大阪大と大阪外国語大学は2007年10月1日に統合しました。そのときに労働契約でなく準委任契約だという見解を大学側が組合に対して示しました。労基署で確認すると、講師は労働者だという判断をしていましたし、実際、旧大阪外国語大学では非常勤講師は労働者とされていたのです。まったく同じ仕事をしているにもかかわらず、07年9月30日までは労働者だったのに、10月1日からは労働者ではなく準委任契約にされるなど、完全に矛盾しています。

２０１１年10月ごろ、３年で非常勤講師をゼロにしろと大学が言いだして、外国語学部は４年で24％も非常勤講師にかかる経費を減らすと発表したのです。これだけ大量に辞めさせて授業をどうするか、講師の補充をどうするか……そういうことを基本的に考えてないんですよ（苦笑）。

問題は、英語専攻以外の学生が教職をとるための授業を非常勤講師が担当していたことです。授業がなくなれば教職をとれなくなるじゃないかという問題が生じました。学部としては、どうせ阪大本部はめちゃくちゃな削減を要求してくるから、その２年ほど前から削減案を検討しており、最終的には４年で24％削減ということで、本部と学部で合意した形になっています。大学本部が３年で非常勤講師ゼロ案を出した翌日に、４年で24％削減案を外国語学部が出し、阪大も合意したということです。ところが非常勤講師には一切知らされていなかったのです」

その「非常勤講師経費削減計画」（案）は次のようになっていた。人数ではなく経費であり、専門教育科目（総合英語、教職科目は除く）。

平成23（2011）年度80・21%（平成20年度配分比）
24（2012）年度75・39%
25（2013）年度70・58%
26（2014）年度65・94%
27（2015）年度61・38%

「これは阪大の策略であり、3年でゼロなどと絶対のめない案を出し、学部から妥協案を出させるという寸法です。絶対に無理なことを言いだして譲歩を引き出す狙い通りになったわけです。阪大は上のほうで勝手に決めて、各部局のことを考えずに上から方針を降ろすだけです。学生と非常勤講師にはそれぞれ1回ずつ説明会があったのですが、学生のほうから不満が出たのに大学側が押し切った。しかも授業中に説明会が開かれたので、非常勤講師対象の説明会で出席できたのは、たったの1人でした。後から文書通知はしたものの、具体的にどの科目をどういう方針で削減するかは一切書いてなく、ただ表があるだけでした（筆者注：右にあげた数値はその表からとったもの）。

不利益をこうむるのは学生です。講師を大幅に削減するとなるとカリキュラムが非常に組みにくくなってしまいます。たとえば外国語学部でマイナーな言語では、担当できる講師が限られている場合もあります。団交でその点を指摘すると、そんなの交渉の議題に入らない、議題は組合員の労働条件だけだと言います」

◇国連社会権規約委員会から厳しい勧告

インタビューをした後、新屋敷氏は大学における労働問題を訴えるために国連に行き戻ってきた。

「国連の委員会にも行って、阪大、神戸大、早稲田大などの実態を訴える文書を提出し、その結果、社会権規約委員会が日本政府に出した勧告は、労働契約法をきちんと守るように監視し、有期労働者の不利益を解消しろ、という趣旨です。私が講師を務めている大阪大学などで、非常勤講師を最長5年で雇い止めにしようとしている、と批判した文書を提出（2013年4月30日）してきたのです。手違いからスピーチはできませんでしたが、担当者に文書を渡すことができました」

国連社会権規約委員会は、「経済的、社会的及び文化的権利に関する国際規約」を締結した国々に対し、規約を履行しているかどうか締結国政府に報告書提出を義務付け、それに対抗する非政府組織のカウンターレポートも受け付けている。新屋敷氏がレポートを提出した4月30日は、同委員会が、12年ぶりに「日本政府第3回定期報告書」の審査を行なった日である。すでに関西圏組合が社会権規約NGOレポート連絡会議のカウンターレポートに、改正労働契約法に関する記述を追加する形でこの問題を提起しているが、今回の新屋敷氏の提出文書には、無期転換阻止のため偽装選挙を実施した早稲田大学が刑事告発されたことや、自身も大阪大学学長らに対し刑事告訴を予定していたことも明記されていた。

そうした政府・NGOからのレポートを受けて、国連の同委員会は2013年5月17日、日本政府への総括所見を発表した。

《同一価値労働について平等な報酬を確保する締約国の義務を参照しながら》次の点を求めている。

《……委員会は、有期雇用労働者の契約が不公正に更新されないことを防止するため、労働契約法の執行を強化しかつ監視することを締結国（筆者注：日本政府）に対して求める》

はっきりと改正契約労働法で導入された有期契約から無期契約への転換を回避していることを懸念し、改正労働契約法の執行強化を求めているのだ。したがって、この勧告文を読めば、大阪大学の非常勤講師5年雇い止めは、ただちに中止しなければならないことになる。新屋敷氏も「大阪大学がやっている契約5年上限を定めることは、完全に否定されていると思います」と言う。

２０１３年12月16日、大阪地検は、新屋敷氏が提出した告訴状を受理した。ただし、犯罪の被害性がないとして告訴ではなく「告発」という形になった。

さらに、首都圏組合と同様に関西圏組合も積極的な活動をつづけ、２０１３年12月19日、関西大学との定期交渉で大学側が、労働契約法に基づき5年を超えた非常勤講師に対し本人の希望で定めのない無期転換にすることを決定した、と回答した。5年で無期転換にすることを決めたのは関西では、「おそらく初めて」（新屋敷氏）ではないかと思われる。これも成果である。

東の早稲田大学、西の大阪大学。この2校の労使交渉と今後の運動は、日本中の大学、ひいては有期契約労働者１２００万人に影響が及ぶはずである。

第6章　ブラック国家化する日本

◇4年で雇い止めのカフェ・ベローチェ

「若い女性は鮮度が高い。そういう子をそろえた方が男性客の集約につながる」

雇い止めを通告された女性パート従業員が不服を申し立て、組合を通した折衝の場で、会社側担当者がこう言い放った。この会社とは、カフェ・ベローチェ181店舗を含むコーヒーショップを全国で231店舗（2013年7月末日・以下同）を展開する株式会社シャノアールだ。

雇用の安定を図るために改正された労働契約法を悪用しているのは、早稲田大学や大阪大学だけではない。もちろん、一般企業のなかにも法を曲解して有期契約労働者が無期契約になるのを阻止するために雇い止めを強行する企業が出始めており、カフェ・ベローチェもそのひとつである。同社は２０１２年６月以降、全従業員の９割以上を占める約５０００人のパート労働者（３カ月更新）に対し、契約回数上限を一律15回４年に変更した。それまで８年半働いてきたＡさん（当時29歳・女性）を２０１３年６月15日付けで、雇い止めにした。その撤回を迫る会社との折衝のなかで「鮮度が高い……」発言が飛び出したのだ。そしてＡさんは同年７月23日、会社に対し、地位保全と損害賠償約２２７万円の支払を求めて東京地裁に提訴した。

Ａさんは大学入学とほぼ同時にカフェ・ベローチェでアルバイトを始め、一時仕事を離れたが合計で８年半働いてきた。大学院で研究をしているＡさんは、親からの援助を受けずに奨学金とベローチェでのアルバイトで生活と学費を支えていた苦学生であり、雇い止めは深刻な事態をもたらす。

店長からＡさんが雇い止めの通告をうけたのは２０１２年３月23日、契約年数通算５年で無期契約への転換権を認めた改正労働契約法が国会に提出された日である。その後４月８日は同社部長が「今回の通達は、法律の改正に伴う対応です」と店長に述べたという。まさに法の趣旨に逆行する決定であろう。

カフェ・ベローチェで働くパート・アルバイトは、実は大学非常勤講師と同じように、無期契約に近い形だった。３カ月更新となっていたが、各店舗に備え付けの契約申込用紙に簡単に書くだけで、自動更新のような状態だったのである。ちなみに早稲田大学などが5年を契約上限としているのに対してカフェ・ベローチェが4年を上限にした理由はわからないが、関係者の話では、同社に勤務するパート労働者は大学生が多いから、大学の4年に合わせたのではないか、という見方もある。

女性蔑視と指摘されかねない「女性従業員は鮮度が高いほうがいい」という考えを同社が表明したのは、2013年1月31日の首都圏青年ユニオンと会社が折衝していたときである。組合担当者が差別的表現ではないかと指摘しても、その言い方を変えなかったことから見ても、確信犯だろう。非常にブラック性が強い。それは賃金待遇をみてもいえる。基本給時給800円から始まり、Cスタッフ820円、Bスタッフ840円、Aスタッフ860円、セカンドPAマネージャー880円、最高のファーストPAマネージャーにまで昇進すると900円となる。しかし、最高で時給900円と低賃金には違いない。

しかも、雇い止めされて訴えたAさんは、〝名ばかりパート〟で実質店長のような働き方をしていた。Aさんが勤務していたベローチェ千葉店は常時25人程度が働き、正社員は店長の1名のみ。Aさんは「時間帯責任者」という役職に就いていた。時間帯責任者は基本的にはレジに付かず、ドリンク作り、洗い場での食器洗浄、化粧室などの点検、食品管理、休憩時間管理、空調調整、新人教育、クレーム対応、レジ係のフォローを行い、正社員の店長不在時には店舗全体と従業員を監理するのだから、実質は店長に近い。

なぜ、これだけ責任ある仕事を低賃金で続けてきた人を雇い止めにするのか。労働契約法改正で労働者が安定して働き続けられる無期契約への申請を回避するために他ならない。

◇契約社員89名を一斉解雇したハウス食品

同じ流れの中で2013年9月30日、ハウス食品は「店舗フォロー業務」と称する営業の最前線にいた契約社員89名全員を一斉に解雇した。同社の動きも無期転換を求める動きを未然に潰すためと思われる。改正法施行4月1日の直前、何の前触れもなく3月27日から29日にかけて緊急説明会を開き、契約不更新つきの契約書を4月1日までに提出しろと、いきなり最後通牒を契約社員たちに突きつけたのである。解雇された人たちは、形式的には半年ごとの契約だが、ほとんどは10年、20年と責任を持って働いてきた人たちで、これまでは契約社員であっても定年まで働くことを前提にしていたから、その打撃は大きい。多くは女性である。

会社側は、それまで89名が携わっていた店舗フォロー業務をソフトブレーン株式会社という外部の会社に委託することに決定。89名に対しては、あらたにソフトブレーンと契約を交わすように伝えた。最初の1年間は、それまでとほぼ同じ条件で契約し、2年目以降は個人事業主として契約するシステムである。

2年目から個人事業主にされてソフトブレーン社と業務委託契約を結べば、最低賃金もない、有給休暇もない、雇用保険も適用されず、社会保険も健康保険もなく、健康診断も行われない。実質は労働者なのに、いわゆる名ばかり事業主にされる確率は相当高いと言わざるをえないだろう。

ところで、解雇された契約社員が実施していた店舗フォロー業務とは、どのようなものか。契約社員のAさんから聞いた。

「いま、スーパーも量販店も従業員を減らして人手不足なんですね。定番という棚があり、そこには決まって同じ商品が置いてある。ここのメンテナンスをするのはお店の従業員なんです。

一方、関連陳列というものがあり、たとえばスパイスコーナーに関連でワサビが置いてある、という具合です。いろいろなところで関連商品が売れるようにする陳列の方法なのですが、なかなかお店の人の手が回らないため、私たちがやるのです。こうして商品を補充したり売り場をつくる仕事を進めるとお店の方とのコミュニケーションもできるわけですよ。

もちろんハウス食品の製品を買ってもらいやすい場所を確保しますが、同じシチューでもスーパーには他社製品もあります。だからウチの商品を置いてくれといっても周囲とのバランスも必要なわけですよね。そのスーパーが独自の企画をするとき、その企画にウチの商品が無い場合でも、『3割くらいウチの商品を入れてくださいよ』とお願いすることもあります。本当はハウス食品だけのコーナーをつくりたいんですけどね。

さらに『送り込み』といって、ハウス食品と各社が交わした契約通りの数量の商品をスーパーや量販店に送り込んでしまうのです。年末などによくある数字合わせですけど、そうなると店側では困るから、店の裏側のほうに商品が山積みになっていることがあり、それをチェックしてできるだけ売り場に出して買ってもらえるようにしています。こまめに売り場を確保するのが大切になるんです」

日常的なこまめな作業や気遣いが「店舗フォロー業務」には不可欠で、いわば営業の最前線であり、経験が必要な仕事内容だとわかるし、この業務を担当してきた契約社員が10年、20年と続けてきたのもうなずける。仕事内容を説明してくれたAさんは男性だが、多くは女性である。そのひとりBさんはこう言っている。

「今までの先輩方も、定年まで勤めることを前提に働いてきました。私たちに近い（接触する範囲の）正社員はみな『定年』という言葉を使っていたのです」

Cさんも同じように定年まで働くことを前提に働いていた。

「入社したときには、『60歳定年ですから、皆さん頑張って誇りを持って働いてください』ということで、その通り私たちは責任と誇りを持って働いてきました。まさか3月の末に『あなたたちの仕事はなくなると、4月1日までにソフトブレーン（外部委託会社）に行くように判断してハンコを押せ』と言われるとは夢にも思いませんでした」

Dさんも同様である。

「去年（2012年）辞めた契約社員の方がいるのですが、その方が辞めようとしたときに会社は『60歳までいられるんだから、続けてよ』とまで言われたのです」

ハウス食品側は、契約社員が定年まで働けるとは言っていないと団体交渉を通して表明しているが、多くの契約社員が定年まで契約更新を繰り返して働けると聞いていたと証言している。そうした彼らが、改正労働契約法施行の直前に会議室に呼ばれた。Eさんは3月29日にこんな扱いを受けた。

「会社の会議室でいきなり説明されて、説明会の終わりのほうで、ドアがバーンと開いて知らない人たち（業務委託先のソフトブレーンの人と思われる）がどーっと入ってきて囲まれるような雰囲気でした」

追いつめられるような状況で金曜日に紙を渡され、月曜日にはハンコを押して出せと迫られたのだ。驚いた彼女らはハウス食品ユニオンを結成、派遣ユニオンの関根秀一郎氏が窓口になって会社と交渉を始めた。その関根氏は、「通算5年の契約期間を過ぎた労働者に無期契約に転換する権利が付与されるように労働契約法が改正されました。一部の企業はこれを回避するために、長年働いてきた有期雇用の労働者を雇い止めする動きが拡がっており、ユニオンは次々と相談を持ちかけられています」と話す。早稲田大学、大阪大学、株式会社シャノアール、そしてハウス食品も、有期雇用から無期雇用の転換阻止に挑戦している。これ以外の企業でも動きがあるのだから、法とその運用自体に問題があるということだろう。なお、2013年12月、ハウス食品との交渉で、一定の金額を会社側が示したため、金銭和解という形で解決はしたものの、雇用確保はできなかった。

◇年収3億4000万円のトヨタ社長の税負担率が年収430万円の労働者より低い

労働契約法改正を逆手にとり、5年で雇い止めにしようという企業の動きは、1990年代後半から加速した格差社会をさらに悪化させる。現に、巨大企業と超高額所得者、大資産家は肥え太り、弱者が痛めつけられている。

たとえば筆者が、労働問題の視点から取材し続けているトヨタ自動車グループだ。20

08年のリーマンショックで一時的に落ち込んだものの、その後は利益拡大を続け、グループの頂点に立つトヨタ自動車の内部留保は、2012年3月末段階で14兆1684億円にものぼっている。内部留保とは、それまでの利益の蓄積である。2013年度の販売台数は、世界初の1000万台の生産計画をたてるほどの勢いで、2014年3月期営業利益は2兆2000億円が見込まれる。これは、史上最高の利益だった2008年と同レベルだ。

その業績を反映し、2012年度のトヨタ役員報酬と賞与は12億8000万円で1人当たり9846万円と好調で、社長の給与は対前年度比60%も増加したのに、社員の給与はわずか1・5%の伸びにとどまっている。しかもこの社員とは、トヨタグループの頂点に立つトヨタ自動車正社員のものであり、下請け、孫請けの労働者の賃金などは抑えられている。

業績を上げる一方、下請け企業に対しては春と秋に単価切り下げを繰り返し、特に2012年は、例年の1・5%切り下げに加え、「円高協力金」（特別協力金）と称して、さらに納入単価1・5%の切り下げを行った。下請け孫請け零細企業はすでに疲弊しており、2014年4月に消費税が5%から8%に上がり、その後10%になれば、下請け企業の3割が廃業を選ぶしかないという状況だ。廃業しその後は生活保護を受けるということになるであろう。もし、お役所が申請を受け付けてくれればの話ではあるが。消費税率が3％から5％に上げられたときに自殺者が激増したが、今度もそのおそれは充分にある。

一方、トヨタ自動車は輸出戻し税で、輸出にかかった消費税は全額還付される。2012年3月13日の新聞報道では、トヨタ自動車への還付金（輸出戻し税）は2246億円。これが8％なら3650億円、10％になれば4492億円が戻される。全企業のなかでトヨタが毎年ダントツ1位の還付金を受け取っているが、日本全体で消費税の3割弱が輸出戻し税として輸出企業に還付されているのだ。

もちろん、トヨタばかりでなく日本全体で異常なまでの格差はどんどん広がっている。資本金10億円以上の大企業の内部留保は2012年3月時点で267兆円にも達している。個人の収入はどうなっているか見ると、1995年度から2010年度までに企業の役員報酬は19％増なのに対し、労働者の賃金（金融保険業を除く）は逆に7％減少しているのだ。その格差は3・7倍から4・73倍に拡がっている。

低所得者予備軍ともいえる非正規労働者は、総務省の就業構造基本調査で38・2％。正規か非正規化わからないという労働者が267万人（4・8％）もいるのでこれを加えると43％が非正規労働者になっているほどだ。そして2013年11月の生活保護受給者は215万人、補足率は2割というから、実際は生活保護が必要な人は1000万人超という事態にまで状況は悪化している。さらに、貯蓄ゼロ世帯は26％、年収200万円以下は1000万人……日本はとてつもない貧困国家になってしまったのである。

このような拡大する一方の格差を象徴する事例を紹介しよう。元大蔵相キャリアでフリーライターの武田知弘氏は、『税金は金持ちから取れ』（金曜日）で衝撃的事実を明らかにしている。トヨタ自動車・豊田章男社長の2010年の年収3億4000万円のうち、所得税、住民税、社会保険料の負担率は20・7％。一方、同じ2010年の給与所得者の平均年収は430万円で、負担率は34・6％。年収430万円の労働者の負担率のほうが、年収3億4000万円のトヨタ自動車社長よりも高い。

そのカラクリは、証券優遇税制にある。トヨタ自動車社長の収入の3分の2は持ち株の配当金であり、持ち株の配当金にかかる税金は、所得税と住民税を合わせて一律10％にすぎない。小泉政権のときにこの制度が決められ、トヨタ自動車社長年収の3分の2、約2億2000万円については10％の負担（所得税だけだと7％）ですむ。だから普通の労働者の負担率のほうが高くなる驚くべき不公正である。そして母親と小さな子どもが貧困のために餓死するなど、生活苦にあえぐ人々であふれている。ただ、この証券優遇税制は2013年末で終了する予定だが、とても抜本的な不公平税制の改正とはいえない。

これは、金持ちにやさしく減税し、貧乏人から厳しく税をとりたてる日本という国の、ほんの一例にすぎない。いったい、なぜこのような国になってしまったのだろうか。

◇日本貧困化・ブラック化の四半世紀

ひとつの原因だけで物事が生じることは少ないとはいえ、間違いなくこれが原因というものもある。今から振り返れば、日本における格差と貧困の拡大を意図していたのはアメリカである。そのアメリカに強い影響力を持つのが国際金融権力であることは間違いない。簡単にいうと、1％の利益のために99％を犠牲にするなと、オキュパイ運動で占拠された1％の象徴＝ニューヨークのウォール街の人たちだ。どこまで振り返ればいいかというのは難しいが、格差社会と貧困拡大による惨状の起点は、1980年代中頃以降のバブル経済期ともいえるだろう。

第一期　バブル経済とその崩壊

当時の日銀は、窓口指導と称して、各金融機関に不動産用資金を貸し付けるようにうながし、土地バブルを生み出した。不動産は高騰し、大きな取引が頻繁になり、当然のことながら上がったものは下がり、やがては不況に陥る。

そうなると、なぜこうなったかと犯人捜しが始まる。なかには冷静な分析や前向きな批判もあったとはいえ、いつのまにかそのターゲットは、日本社会独特のもの、日本型経済が原因ということになった。１９８０年代半ば頃までは、日本経済は絶好調であり、終身雇用制の影響もあり雇用は安定し、労働者は勤勉でモラルも高く、日本型モデルは世界から称賛されていた。ところが一転して、日本型モデルが悪いという意識が醸成されていくのである。日本の対米黒字などが問題になり、再三にわたってアメリカ政府（主に米通商代表部）が日本の経済・ビジネス文化、社会などに圧力を加え始める。日本の市場は閉鎖的で、異質な日本型社会が自由公正な経済活動や貿易を阻害している、というわけである。アメリカからの批判を受けて日本国内でも、経済がうまくいかなくなったのは、日本型システムのせいだ、という声が高まっていく。確かにそのような側面はあるが、こうした風潮が異常な高まりを見せた。

その流れの中で見逃せないのは、１９８９年から１９９０年にかけて行われた日米構造協議である。その後、日米包括経済協議と名前を変えて日米貿易の不均衡是正を目的に二国間協議は続いた。たとえば土地税制がアメリカからやり玉にあげられた。先述のようにバブルで不動産価値が高まるにつれて担保価値も高まり、これを利用して日本企業が海外投資を展開していた。当時は農地の保有税が宅地よりも極端に低く、資産として土地を持ちやすい状況を生み出し、地主が土地を売らずに全体の地価が上昇していった。ここで「農地の宅地並み課税」ということが強く主張されたのである。

次に、大型店出店を規制し地元商店街などを守っていた大店法（大規模小売店舗法）を1991年に改正し、その後は撤廃された。さらには日本企業が輸出につながる産業への投資を公共分野にシフトさせようと、公共投資を拡大させることになる。

農業分野でも自由化が迫られ、1991年4月から牛肉・オレンジの輸入自由化が実施されて騒がれたことを記憶している人も多いだろう。なお1995年に世界貿易機関（WTO）が発足し、自由化の対象を農産物や工業製品などのモノに限らず、サービス（金融・通信）、知的財産権（特許・著作権）にまで拡大。2013年に第二次安倍政権が交渉に参加したTPP（環太平洋戦略的経済連携協定）に繋がる。

「規制緩和は神聖にして犯すべからず」とでも言わんばかりの風潮がマスコミも含めて蔓延していく。そして、1993年に宮澤喜一首相とアメリカのビル・クリントン大統領で合意した年次改革報告書（日米規制改革および競争政策イニシアティブに基づく要望書）で、「規制緩和」は後戻りできない〝思想〟となる。翌1994年から毎年出される年次改革要望書により、規制緩和と民営化を金科玉条のごとく押し付けられ、新自由主義・グローバリズム・投資家らが自由自在に大儲けできるシステムが着々と導入され、労働者や中小零細業者が苦しめられていく。

１９９７年は独占禁止法が改定されて、戦前の財閥のような持ち株会社が解禁された。１９９８年には、それまで改正にとどまっていた大店法が廃止、新たに大規模小売店舗立地法が成立した。本書のテーマである労働・雇用分野でも、１９９９年に労働者派遣法の改定で人材派遣が自由化されるまでに至った。その後、郵政民営化などに繋がっていく。こうして20世紀から21世紀初頭にかけて、１％のために99％を犠牲にする土台がほぼ確立され、いよいよ潮流が激流となる時期を迎える。それが小泉純一郎政権時代である。

第二期　小泉構造改悪と株主資本主義の台頭

アメリカからの圧力にそのまま答えたのが２００１年4月に誕生した小泉純一郎政権であった。小泉政権時代には、アメリカの圧力で自衛隊をイラクに派遣するなど、戦後史の転換を迎える事件がいくつも起きた。そして経済的にも、郵政民営化に象徴されるような自由化も行なった。郵政民営化は、外資の参入で、郵便貯金や簡易保険などの国民の財産が外資に売り渡されかねない状況をもたらす、と多くの反対があったが強行された。

前述した年次改革要望書の存在が注目を浴びたのは、『奪われる日本』（関岡英之著・講談社現代新書）によるところが大きいだろう。同書では、「医療改革」は外資系保険に有利に働き、それと歩調を合わせるかのように、つぎのような決定がなされたと示されている。

《小泉政権は発足の翌年、二〇〇二年にもすでに一度、高齢者の自己負担を増やしている。それまでの上限付き定額制は撤廃され、完全定率制に変えられた。その際、七十歳以上の高齢者の医療自己負担分は、一般所得者が一割、現役並み所得者が二割とされた。

それが〇六年の医療制度改革で、七十歳から七十四歳の一般所得者は〇八年四月から二割に、七十歳以上の現役並み所得者は〇六年四月から三割に増やされる。「現役並み所得」の定義も引き下げられたため、影響を受ける対象者の数自体も増えた》

外資保険に有利な条件をつくりながら、社会的弱者にしわ寄せを押し付ける様子がよくわかる。

労働・雇用分野では2004年、労働者派遣法の改定で製造業への派遣を解禁したことで派遣労働者が激増し、非正規労働者、不安定雇用を拡大させる結果になっている。言うまでもなく、人びとが安心して暮らすための要は雇用と医療だが、その二つがどんどん切り下げられ、さらに年金も減額、生活保護切り下げ……と社会保障全般が切り捨てられていくことになる。

1980年代後半から始まった日本貧困化あるいはブラック化の第一期、その爆発期間である第二期の小泉政権で、かつての日本型資本主義は終焉し、株主資本主義なるものが世を席巻することになる。それまでは終身雇用制、会社の従業員は家族、地域や国への貢献という名目を多くの経営陣は保っていた。だから、労働者から搾り取るオオカミといえども、赤ずきんちゃんを丸々と太らせ、少なくとも食べるまでは生かしておいた。自民党の長期政権も、社会福祉をある程度整え、富の分配も行なうことでアメリカなどと比べれば貧富の差が少なく、赤ずきんちゃんを死なせることはなかった。まじめで優秀な労働者が大量に存在する稀有な国でもあった。

ところが、「会社は株主のもの」という株主資本主義が幅を利かせることで、まるで違う国になってしまった。投資家がすべて儲かる仕組みなので、ある会社に投資してダメなら他に移るし、どの国の企業でも構わない。企業が活動する地域社会など関係ないし、従業員や下請労働者がどうなろうとかまわない。一国が疲弊しても地球規模で儲ければいいのだから、赤ずきんちゃんが餓死してもまったく問題ないわけである。

第三期　安倍政権によるブラック国家完成

そして2012年12月誕生した第二次安倍晋三政権で、これまで四半世紀にわたって繰り広げられていきたアメリカによる新自由主義化が完成することになる。労働側からみれば、ブラック国家の完成期だ。その柱は2本立てで、ひとつは企業天国・労働者地獄の国家戦略特区法の成立。もうひとつは追いつめられた労働者や貧困者を弾圧できる特定秘密保護法の成立だ。両法案はともに2013年12月6日の国会で成立した。安倍政権は、基本的には宗主国アメリカの意向を伺っているとはいえ、これ以上の極右化と暴走が進めば、アジア諸国とばかりでなくアメリカとの緊張関係を招くおそれもあるだろう。

◇企業天国・労働者地獄の安倍ブラック特区

国家戦略特区とは、世界一企業が活動しやすい特区にするということ。グローバル化企業が自由に利益追求できるのだから、これまで四半世紀をかけて着々と進められていた規制緩和・グローバル化・民営化・非正規労働者化・低賃金化などの集大成の感がある。「失業なき円滑な労働移動」を実現させる観点から、①ジョブ型正社員（限定正社員）の雇用ルールの整備、②企画業務型裁量労働制やフレックスタイム制労働時間法則の見直し、③有料職業紹介事業の規制改革、④労働者派遣制度の見直しなどが、これから進められていく。もちろん、さまざまな意見や批判もあり、部分的には先送りしたり、見送ったたものもある。

ジョブ型正社員（限定正社員）とは、職場や地域などを限定して、仕事がなくなったり事業所が閉鎖された場合、そこで働く正社員は解雇できるようにする。解雇されないまでも、家庭の事情で転勤できなければ地域限定正社員となり、正社員よりも待遇が悪くなる。明らかに賃金が低くなり、ボーナスも激減し、定期昇給なしもあり得るのだ。表向きの理由は、非正規労働者から正社員への転換のチャンスを与えるということだが、ただ企業が人件費を大幅に削る手段として限定正社員が使われかねない。

国家戦略特区法案では、①入社時に契約した解雇条件に合致すれば、どのような解雇でも認める。②5年で無期雇用を申し込める権利を放棄することを認める。③一定の収入のある人に労働時間規制をはずし残業代を出さなくて良い（いわゆるホワイトカラーエクゼンプション）、なども打ち出されていた。しかし、5年ルールの放棄とホワイトカラーエクゼンプションは今回見送られた。しかし①についても、「契約条項による解雇有効」は見送ったものの、現行法でもいろいろな解釈によって解雇が可能であると含みを持たせているのだ。ただ、本書で一貫して追求している、有期雇用労働者が5年経ったときに無期契約に転換する権利（右の②）を奪うことは、見送られた。しかし、後述するように研究者や大学非常勤講師に限っては、別の法改正で権利を骨抜きにされている。

結局、2013年12月に成立した国家戦略法には、雇用規制緩和の多くは盛り込まれなかった。しかし安心できるどころか、手をかえ品をかえ、労働者の権利を奪う政策が進められようとしている。

見逃せないのは、厚生労働省は労働者派遣法の改正案を目指していることである。ただ、あまりにも反対が多く、同省の労働政策審議会の部会は、2013年12月の時点で報告書のとりまとめを翌年に先送りすることに決めた。改正案の一番の問題は、あくまでも正規社員が本来の姿であり、派遣労働は限定的であるとの位置づけだったものを、派遣が普通で、かぎりなく正社員がゼロに近づくような内容であることだ。

これまでの派遣労働は、原則として3年で打ち切りになるが、通訳などの専門性の高い26業務に限っては打ち切り期間がない。新たなルールでは、この「専門26業種」の区分をなくす。これまではある人が派遣で1年働き、別の人がその仕事に派遣されると残りは2年で打ち切りになる。これは業務ごとに3年というルールだったからだが、派遣労働法改正案では、人ごとに期限の上限が決まるので、1人目が3年働いたら、2人目が3年働ける。つまり、企業は永久に派遣労働者を使い続けることができる。

多くの派遣労働者は派遣会社と有期雇用契約を結んでおり、弱い立場で労働組合もつくれず、派遣先で交渉をもとめても拒否されるだろう。一生涯、低賃金のまま昇給もなく、昇進もなく、キャリアアップも望めない。ただの使い捨てだ。

安倍政権の雇用労働政策は、雇用を悪化させ、低賃金で不安定な労働者を量産する仕組みが今以上に進められるおそれがあり、まさにブラック国家になってしまう。それだけではない、国家安全保障会議（NSA）を創立して戦争準備体制に入り、あらゆる情報を権力（行政）が握り、情報にアクセスする全市民を処罰対象とする特定秘密保護法も成立させた。「秘密は秘密」だから何が秘密か一般人にはわからず、秘密内容は公表できないので逮捕されて裁判にかけられても弁護はできず、事実上裁判ができないというシロモノであり、国権の最高機関である国会が国政調査権を行使しても、入手した情報が特定秘密であり、第三者（たとえば有権者）に伝えれば懲役5年まで刑に処せられることもあり得る。

長年にわたる不安定雇用により爆発的に増えた貧困層ががまんできなくなったとき行動を起こしても、特定秘密保護法と関連法規により、いつでも弾圧できる。あるいは、貧困層の若者でも、自衛隊に入れば生活でき、海外での戦闘行動に参加すれば、大学に行く給付型奨学金を受けられるなど、そういうこともごく近い将来に現実化する可能性が十分にある。

◇研究能力強化法改悪で無期契約転換を5年から10年へ

本書を書き進めるうち、重大なニュースが飛び込んできた。それは、研究開発能力強化法改正案が成立したことである。特定秘密保護法で大荒れに荒れた12月に参議院で成立してしまったのである。これにより、大学や研究機関で有期雇用契約を結ぶ教員・研究者・技術者の無期雇用に転換する期間を5年から10年に延ばされてしまったのだ。では、10年働き続けられるかといえば、実際には短期契約を繰り返すかたちになるだろう。つまり、研究者を10年で使い捨てにできる。

大学など教育機関で働く有期雇用研究者・技術者・教職員に密接に関わる法改正でありながら、当事者の意見聴取も、パブリック・コメントの募集もなく、わずか2週間ほどで強行してしまったのである。

同法の第1条では、従来の「研究開発能力強化法」に第15条の2を加えている。この第15条の2は、労働契約法第18条1項（無期契約転換への申し込み規程）の特例として、5年を10年にするとしている。これは第2章で伝えた私大連盟の清家篤慶應義塾大学学長が文科省に提出した「『労働契約法の一部を改正する法律』に関する要望について」をそのまま受けて、自民党が法案を提出したことになる。つまり、5年で無期契約に転換できる権利を事実上剥奪した。

しかし条文をよく見ると、5年から10年の特例を受けるのは、「科学技術に関する研究者又は技術者（科学技術に関する試験若しくは研究又は科学技術に関する開発の補助を行う人材を含む）」（第15条の2の1項）なので、条文だけ読めば、大学で授業を受け持つ非常勤講師は対象外になるはずである。ところが法案の提出者である自民党は、非常勤講師は前述の「補助を行う者」にあたる、と言っているのだ。

拡大解釈、恣意的解釈の極みであり、この理屈がまかり通れば、本書のテーマ労働契約法第18条の無期契約転換権が完全に空文となり、いずれこの条文の廃止に行きつくだろう。2013年4月1日に施行されたばかりなのに、わずか8カ月後には骨抜きにする早業には、あきれ返る。

それにしても、驚くほどわかりやすいのは、研究開発能力強化法改正では、「必要な施策を講ずるものとする」という抽象的目標を掲げるのが殆どな中で、唯一具体的な効果を持つのは、労働契約法18条の5年を10年に延ばすことだけで、これまでの「～強化法」の適用対象でなかった人文科学系まで対象にする。この法改正は、大学非常勤講師を狙い撃ちしたとしか考えられない。

◇大企業と高額所得者がまともに納税すれば28兆1108億円の財源創出

自民・公明政権は、次から次へと、中小零細事業者や労働者を追い込むシステムを構築している。それを打開するためには、彼らと反対のことをやればいいのである。といっても、99％を守る勢力が国会の多数を占めなければもちろん難しいし、何から手を付けていいかわからないほど問題は山積している。しかし、ここでは二つの点を主張しておきたい。今すぐ実現できなくとも、手段と方法を知っておくのは今後の役に立つ。

第一に、これまで大企業が溜め込んできた利益の蓄積「内部留保」の一部を賃金アップと雇用確保に使うこと。第二に金持ちや大企業から税金を徴収して、雇用の改善や社会福祉を充実、教育や医療に振り分けることである。

資本金10億円以上の大企業の内部留保は2012年3月時点で267兆円。これを人々の生活を良くするために使うのだ。少し前までは、内部留保を取り崩して雇用確保や賃上げに充当すると発言すると、「バカだ、素人だ、内部留保はそんなものに使うべきものではない」と攻撃する輩《やから》がけっこういたものだが、そうした声はどんどんかき消されている現状だ。シミュレーションをしているのは、労働運動総合研究所なので、その試算を紹介する。内部留保20％を活用すると、①不払い残業根絶、年休完全取得、週休2日制完全実施、②最低賃金1000円実現、③賃金水準を1997年に回復（※翌年から現在まで減少傾向止まらず）、④非正規雇用の正規化、が実現でき、合計で316万人の雇用を誘発できる、としている。

労働団体系のシンクタンクの試算だが、財界系の富士通総研でも、「富士通総研オピニオン」の2013年1月29日、30日の2日間にわたる記事で次のように提言している。

《このような賃上げ要求は理不尽な話だろうか。日本のGDP473兆円のうち賃金は52％の245兆円である。仮にこれを4％引き上げるとすれば、10兆円が必要になる。他方、企業が保有している現金・預金は215兆円だ。米国と比較しても、この数字は異常に大きい。株主の発言権の強い米国では、余分な金は株主に還元せよとの圧力が加わり、必要以上の金が、企業の手元に留まるということはない。（中略）仮に10兆円を賃金に回したとしても、（流動比率は）ほんの数ポイント下がるだけで、企業経営にまったく影響しないはずだ》

もうひとつ、絶対に見逃せないのは不公正税制の是正だ。誰にも分かりやすい例は、前述の年収3億4000万円のトヨタ自動車社長の税負担率が年収430万円の労働者より低い事実であろう。これは、証券優遇税制によって所得税地方税あわせて、どんなに配当を多く得ても税率が10%止まりというカラクリがあるからである。ではどうすればいいか。不公平税制を改革すれば消費税ゼロで大丈夫と主張する「不公平な税制をただす会」事務局長で税理士の富山泰一氏が、はっきりと進むべき道筋と方法を示してくれている。

その著書『庶民増税によらない社会保障充実と震災復興への道』（あけび書房）が刊行された直後に筆者は富山氏に会い、『週間金曜日』2011年1月20日号にインタビューを掲載した。それによると、大企業や高額所得者への減税となる租税特別措置648項目のうち5%を検討しただけで、2011年度の資料による試算では、28兆1108億円の財源を創出できる。

金持ち減税の実態を見ると、消費税を導入した1989年度の全産業の内部留保が175兆9810億円だったが、2008年度は428兆7089億円と激増。資本金10億円以上の大企業だと同じく100兆3961億円から240兆9684億円になっている（2012年には267兆円＝前述）。これだけ利益が出るのは、投資による配当、為替差益、非正規労働者の活用、下請単価の切り下げ、減税のための648項目の租税特別措置があるからだ。

最高税率は50％（所得税＋住民税）であるが、高額所得者は配当による収入の比率が高く、本来払うべき税率が5分の1になっているが、総合課税（資産性所得を分離課税しない）として試算すると、消費税導入前の7分の1にまで巨額減税されているのだ。

本当は、いかに大資産家や高額所得者、大企業が減税されているかを訴えて日本中に広めたいのだが、本書は労働契約法改正の問題をテーマにしているので、どうすればいいかポイントだけ絞っておきたい。

まず課税所得2000万円超の2兆2250億円の減税をやめれば、子どもと高齢者の医療費無料化、後期高齢者医療制度の廃止、介護保険料・利用料の減免、障害者自立支援法による応益負担の撤回、生活保護の老齢加算の復活などが実現可能となる。また最高税率も消費税導入前の基準である65％に戻す必要がある。そして富山氏は、大企業の内部留保を吐き出させるためには「企業財産税」の創設を提唱している。その基本的な考え方は、富裕税と同じ。

富裕税といえば、元大蔵官僚の武田智弘氏も提唱している。金融資産1400兆円、不動産6600兆円に1％の税金をかけると約80兆円になる。純資産1億円以上の人だけに1％課税するだけでも20数兆円の税収が見込まれるという。

税制を公正にする（あるいは消費税導入前の1980年代に戻す）だけでも、社会福祉、医療、教育、文化が充実し、生活が安定し、雇用も安定する。法案は通ってしまったが、国家戦略特区で推進されるであろう労働規制緩和に具体的に反対していくことも必要だろう。

◇早稲田大学問題は関ヶ原の闘い

国の政策決定は非常に重要だが、なによりも大切なのは具体的な事例で勝利を得ることである。本章でも触れたようなカフェ・ベローチェやハウス食品の例にみられるような、具体的な労使交渉や裁判で勝利していくのが何より大切だ。とりわけ早稲田大学に噴出している問題を解決することが、より重要になっていく。刑事告発を機に5年上限導入を目論んでいた多数の大学がその実施を中止し、固唾をのんで早稲田大学の結果がどう出るかを見守っているからだ。もし、大学当局が勝ち非常勤講師の契約上限が5年となれば、全国700を超える大学の多くが一斉に「非常勤講師5年でクビ」へ向けて怒涛のように流れていくだろう。

しかも、早稲田問題が社会問題として認識され始めた最中に「研究開発能力法案」が成立してしまい、研究者などが無期転換する期間を5年から10年に延ばすことになり、そこには文系の大学非常勤講師も含まれる。こういう事態だからこそ早稲田ユニオンをはじめとする各地の大学非常勤講師組合の奮起が、いっそう強く求められるようになった。

　これは全国の大学有期雇用教職員だけにとって大切であるというわけではなく、一般企業の有期雇用従業員5年雇い止めの拡大に歯止めをかけることとなる。逆に言えば、早稲田大学当局の手法が成功すれば、一般企業にもその手法は浸透拡大するはずだ。なにしろ早稲田大学をはじめ各大学には錚々たる労働法専門の教授が何人もおり、大学で5年雇い止めが認められれば、彼らが推進する5年上限にお墨付きを与えることになるだろう。

　あと1～2歩後ずさりすれば後ろは断崖絶壁。非常勤講師は追いつめられている。大学と一般企業の雇用問題がどうなるか、闘いの最前線に早稲田大学の非常勤講師たちが立っている。前哨戦などまったくないまま、突然に天下分け目の〝関ヶ原の戦い〟に突入してしまったようなものであり、目が離せない。

あとがき

本書を締めくくろうとした2013年12月、事態は急速に動き始めた。9日、早稲田大学は首都圏大学非常勤講師組合に対し、過半数代表選挙を実施するとファックスで伝えてきた。その内容は次のとおりだった。

＊12月16日付で「労働基準法等に定められた過半数代表者の選出について」という文書をすべての教職員に通知する。

＊過半数代表者の任務としては、労働基準法第90条（就業規則作成および改廃における意見聴取）に定める書面の提出などだが、2013年4月に施行した「非常勤講師就業規程」および「早稲田大学における有期雇用者の契約年限に関する規程」制定に関する意見も再聴取するとしている。

＊立候補資格者は、学内で就労する教職員であって管理監督者でない者。
＊受付期間は２０１３年12月16日から２０１４年１月６日まで。
＊無記名投票で、投票期間は２０１４年１月22日から１月28日まで。

この知らせを聞いたときに筆者は、非常勤講師らの粘り強い運動によって大学当局も考えを変えて前向きになった、と一瞬思った。前回は非常勤講師にわざと知られないように選挙を告知したのに今回は事前に知らせたし、無記名投票になったり、２０１３年４月に強行した就業規程も変更される可能性があるのでは、と前向きなものを感じたのである。ところが、真相はまったく違う。まず、過半数代表選出は労働者が自主的に行うものである。大学が示した要綱は、実施日、任期、日程、公示期間、立候補手続き、投票の方法など、詳細にわたっており、このような使用者による介入は許されないのではないか。本来なら、非常勤講師組合、専任教員組合、職員組合の３組合と大学理事会が話し合ってルールを決めるべきだろう。

また「各事業場における投票において、最多得票者を過半数代表者といたします。（投票資格を有するにもかかわらず投票しない教職員については、当該事業場の最多得票者を信任したものとみなします）」という部分にも問題がある。法律の定めにもよらず「信任したものとみなします」というのは、越権も甚だしいと組合側は反発を強めている。

おまけに所信表明の字数制限が２００字であり、これではきちんとした所信表明はできないだろう。

もっとも重要なのは、本書で問題にしている２０１３年４月に施行した非常勤講師就業規程についても意見を再聴取することが、過半数代表者の任務とされていることだ。労働基準法上、使用者が過半数代表者に意見を聴くのは、「就業規則の作成又は変更」についてである。たとえば、現在導入されている就業規程で契約期間の上限を通算5年とする規程を削除した「変更」を提示し、それに対して過半数代表選出選挙を行い意見を聴くのならば、わかる。5年上限は核心部分なので、そのほかの点で部分的にでも改正する点を出す必要があるだろう。

現実問題として、「5年上限」「4コマ上限」などを定めた現行の就業規程を追認するかたちになるおそれもあるのだ。過半数代表選挙というのは、選ばれた代表者が就業規程について意見書を書く。その手続きが重要視されているのであり、仮に「5年上限」や「4コマ上限」に反対だとの意見書が多く提出されたとしても、ただちに撤回されるわけではない。つまり、２０１３年春に違法性を指摘されて告発・告訴されたので、あらたに再聴取して法的正当性を確保する意図があるのではないだろうか。ちなみに授業コマ数制限は団体交渉によって当面8コマまで譲歩しているが、あくまでも暫定措置である。なかには10コマを超えて授業をもつ非常勤講師もおり、それは実力・経験・人格などを総合して学生からも人気があるゆえに、それだけのコマ数を持っていることでもあろう。それを一律に制限しようというのだ。

大学が過半数代表選挙に関するファックスを送った2日後の12月11日、専任教員組合と教職員組合に加え、大学理事が折衝の場を設けて話し合いがあったのだが、非常勤講師組合だけをはずした。そもそもの問題の発端は、当事者である非常勤講師を蚊帳の外に置いたことなのに、また同じことをしている。

事態を重く見た首都圏組合は12月13日、緊急団体交渉の要求書を理事会に送った。こうした抗議もあったとはいえ、不思議なことに早稲田大学は、すぐに提示した日程の過半数代表選挙案を撤回した。あまりにも見事な変貌ぶりである。

間髪を入れず12月20日、東京地検は告発・告訴されていた鎌田薫総長ら理事18名を不起訴（嫌疑なし）との決定を下した。

そして年も押し迫った12月27日、首都圏組合と早稲田ユニオンは、東京都労働委員会に対し、不当労働行為救済申立書を提出した。2013年3月から7回にわたる団体交渉に誠実に応じていないことや、就業規程制定のための手続きに関して「非常勤講師の就業規程を手続き通りにやろうとした時に、これはできません」と法定手続き通りに制定できないことを認め、専任教員組合とは意見書について協議したが非常勤講師とはしなかったのは、非常勤講師組合を差別的に取り扱ったことになる、というのが主な理由だ。

春先から目まぐるしく急展開を繰り返した2013年は、こうして過ぎ去っていった。

年が明け、なんらかの形で5年上限の例外規定を設ける意向を大学理事会は示したが、先行きは不透明である。早稲田大学で非常勤講師の就業規程の不利益変更を止めなければ、他大学にも波及するし、一般企業への影響も懸念される。ひいては1700万人の非正規労働者の暮らしと人権を守れるか否かにも関わってくると思う。

本書を締めくくるにあたって、取材に協力してくれた非常勤講師の方々や出版してくれる同時代社代表に対し、本来なら謝辞を述べるところだが、それはまだ早い。いま述べられる言葉はひとつ。

今後ともよろしくお願いします。

なぜなら、「あとがき」を書くどころか、本書全体がこれから起きるであろう事態の序章となる予感があるからだ。２０１３年に吹き抜けた風は、２０１４年春以降、嵐になるかもしれない。

２０１４年1月15日

林 克明（はやし・まさあき）
1960年長野市生まれ。業界誌記者、週刊誌記者を経てフリージャーナリストに。チェチェン戦争のルポ『カフカスの小さな国』で小学館ノンフィクション大賞優秀賞、『ジャーナリストの誕生〜チェチェン戦争とメディア』で週刊金曜日ルポルタージュ大賞受賞。近年は、「民主主義は工場（企業）の前で立ち止まる」との観点から、雇用・労働問題などを取材している。著書に『チェチェンで何が起こっているのか』（高文研・共著）、『プーチン政権の闇』（高文研）、『トヨタの闇』（ちくま文庫・共著）、写真集に『チェチェン屈せざる人びと』（岩波書店）などがある。
ブログ「平成暗黒日記」、ツイッター @hayashimasaaki

ブラック大学　早稲田

2014年2月10日　　初版第1刷発行

著　者　　林　克明
発行者　　高井　隆
発行所　　株式会社同時代社
〒101-0065　東京都千代田区西神田2-7-6
電話 03(3261)3149　FAX 03(3261)3237
組　版　　有限会社閏月社
装　幀　　クリエイティブ・コンセプト
印　刷　　モリモト印刷株式会社

ISBN978-4-88683-754-7